低碳经济下中国天然气产业发展战略

李宏勋 谢芹 何立华 著

石油工业出版社

内容提要

本书系统阐述了国内外天然气产业的发展现状及存在的问题，预测了中国天然气的供给量及需求量，运用定量分析方法对中国天然气产业的竞争力进行了评价。结合低碳经济对中国天然气产业的影响，对天然气产业的战略分析、战略选择及战略实施进行了详细深入的探讨，对今后中国天然气产业的发展提供了重要的资料和思路。

本书适用于科研院所的科研人员、高校相关专业师生以及天然气企业的管理人员阅读、参考。

图书在版编目（CIP）数据

低碳经济下中国天然气产业发展战略/李宏勋，谢芹，何立华著. —北京：石油工业出版社，2018.6
ISBN 978-7-5183-2625-9

Ⅰ.①低… Ⅱ.①李…②谢…③何… Ⅲ.①低碳经济–影响–天然气工业–发展战略–研究–中国 Ⅳ.①F426.22

中国版本图书馆 CIP 数据核字（2018）第 105480 号

出版发行：石油工业出版社
（北京安定门外安华里 2 区 1 号楼　100011）
网　　址：www.petropub.com
编辑部：（010）64523541　　图书营销中心：（010）64523633
经　　销：全国新华书店
印　　刷：北京中石油彩色印刷有限责任公司

2018 年 6 月第 1 版　2018 年 6 月第 1 次印刷
710×1000 毫米　开本：1/16　印张：10.75
字数：170 千字

定价：58.00 元
（如出现印装质量问题，我社图书营销中心负责调换）
版权所有，翻印必究

前　言

随着社会经济的发展,环境问题越来越严重,各国政府纷纷提出低碳经济发展战略,以改善目前的环境状况。作为负责任的大国,中国政府早在2007年的亚太经济合作组织(简称亚太经合组织)大会上就明确提出中国要走低碳经济之路。在碳排放目标上,中国政府做出的公开承诺是到2020年单位国内生产总值(GDP)碳排放降低40%~45%,这是中国政府首次提出二氧化碳减排的量化指标,也是世界主要国家中第一个将碳排放量与GDP相结合的国家。低碳经济时代的来临,给能源产业带来了一场新的革命,将会引起中国的能源结构变革。与其他能源相比,天然气具有环保、安全、经济、方便等特点,因此,天然气将成为发展低碳经济的首选能源。在这种背景下,研究低碳经济下中国天然气产业发展现状,分析其面临的机遇与挑战,提出中国天然气产业发展战略及实施对策具有非常重要的意义。

本书利用文献研究法、调查研究法、定量分析法、比较分析法、定量战略计划矩阵(QSPM)等研究方法,对低碳经济下中国天然气产业发展战略进行研究,旨在分析低碳经济对中国天然气产业的影响,并在此基础上提出天然气产业的发展战略,为中国政府制定能源发展战略提供理论依据,并推动中国能源结构的升级和低碳经济的发展,改善中国的生态环境。

本书分为上、下两篇,上篇为低碳经济下中国天然气产业发展格局研究,主要介绍了研究背景、研究意义、国内外研究现状,国内外天然气产业及可替代能源发展现状,中国天然气产业的供需预测以及竞争力评价。下篇为低碳经济下中国天然气产业发展战略选择,主要分析了天然气的产业环境,SWOT分析及战略设想、战略选择、战略实施以及保障措施。

本书是依据2012年国家社科基金课题"低碳经济下中国天然气产业的发展战略"的研究成果编写的。在研究过程中,课题组成员韩保军、王海军、王文俭、钟娟等付出了艰辛的努力。在此,表示衷心感谢。

由于笔者水平有限,书中难免有不妥之处,恳请广大读者批评指正。

目录 Contents

上篇 低碳经济下中国天然气产业发展格局

第1章 概论 ... 3
1.1 研究背景及意义 ... 3
1.2 国内外研究现状 ... 8
1.3 研究方法和研究内容 ... 11
1.4 小结 ... 13

第2章 国内外天然气产业及可替代能源发展现状分析 ... 14
2.1 世界天然气产业发展现状 ... 14
2.2 中国天然气产业发展现状 ... 19
2.3 中国天然气产业发展存在的问题 ... 28
2.4 中国天然气可替代能源发展现状 ... 33
2.5 小结 ... 36

第3章 低碳经济下中国天然气供需市场预测 ... 37
3.1 中国天然气供给量预测 ... 37
3.2 中国天然气需求量预测 ... 44
3.3 小结 ... 50

第4章 低碳经济下中国天然气产业竞争力分析 ... 52
4.1 天然气产业竞争力影响因素及评价指标体系 ... 52
4.2 天然气产业竞争力评价模型 ... 56
4.3 中国天然气产业竞争力评价 ... 59
4.4 小结 ... 72

下篇 低碳经济下中国天然气产业发展战略选择

第5章 低碳经济下中国天然气产业发展环境分析 … 77
5.1 中国天然气产业外部环境分析 … 77
5.2 中国天然气产业内部环境分析 … 84
5.3 小结 … 89

第6章 低碳经济下中国天然气产业的SWOT分析及发展战略设想 … 91
6.1 低碳经济下中国天然气产业的SWOT分析 … 91
6.2 低碳经济下中国天然气产业的发展战略设想 … 103
6.3 小结 … 108

第7章 低碳经济下中国天然气产业发展战略选择 … 109
7.1 中国天然气产业的成长战略 … 109
7.2 中国天然气产业的竞争战略 … 117
7.3 小结 … 126

第8章 低碳经济下中国天然气产业发展战略实施对策 … 127
8.1 加强储运基础设施建设 … 127
8.2 积极稳妥地推进天然气价格改革 … 132
8.3 实施全过程成本控制 … 143
8.4 摸清家底,形成产业内部低碳 … 145
8.5 小结 … 148

第9章 低碳经济下中国天然气产业发展战略实施的保障措施 … 149
9.1 建立健全中国天然气法规体系 … 149
9.2 加强国家对天然气产业的政策扶持力度 … 152
9.3 大力吸引优秀人才,加强管理与技术创新 … 154
9.4 营造良好的外部环境 … 159
9.5 小结 … 160

参考文献 … 161

上 篇

低碳经济下中国
天然气产业发展格局

第1章 概 论

1.1 研究背景及意义

1.1.1 研究背景

近几年来,环境与发展的问题愈演愈烈,各国为解决这一问题而纷纷努力,自2003年英国率先提出"低碳经济"后,低碳经济之路便迅速得到了各国的重视,并且达成了共识,低碳经济的浪潮席卷了全球。低碳经济就是要大力降低二氧化碳等温室气体的排放,构建一个以低能耗、低污染为基础的经济发展体系。作为负责任的大国,中国政府早在2007年的亚太经合组织大会上就明确提出中国要走低碳经济之路。在碳排放目标上,中国政府做出的公开承诺是到2020年降排40%~45%的目标(相对于2005年),这是中国政府首次提出二氧化碳减排的量化指标,也是世界主要国家中第一个将碳排放量与GDP相结合的国家[1]。

低碳经济的实质即低能耗、低污染、低排放,对能源生产和消费中二氧化碳的排放量提出了严格的控制要求,而目前中国的经济发展却具有明显的"高碳"特性。一方面是由于中国正处于工业化和城市化建设中期,进程不断加快、规模不断扩大,高速发展的经济对能源需求呈现急剧增长的态势,能耗不断加大,二氧化碳等温室气体的排放量也急剧升高。另一方面,与中国的能源结构有着密切的关系,首先,中国的能源结构具有"富煤、少气、缺油"的特点;其次,中国的能源消费结构也是以化石能源尤其是煤炭、石油为主,其比例占到了60%以上。而化石能源中的煤炭、石油消耗时所排放的二氧化碳等温室气体量严重地不符合低碳经济的要求标准[2]。这两方面是造成中国经济"高碳"特性十分鲜明的主要原因,同时,也与中国低碳经济发展的要求相矛盾,这使得中国经济的发展处于发展与污染的双重压力之下,中国的低碳经济之路将更加艰难。

为了解决这个矛盾,推动低碳经济的发展,各国都把目标转移到新能源上。中国的专家学者也将越来越多的精力投入新能源开发利用的研究中,政府也制定了许多关于新能源开发利用的优惠政策加以引导。但就目前中国的现状而言,新能源的发展还处于生命周期的形成成长阶段,且这个阶段是一个长期、渐进的过程,尚不能形成成熟的商业化条件,开发成本高于传统能源,是否能够得到预期的迅速发展还是一个未知数。另外,新能源的开发过程中基础设施建设等需要消耗大量常规能源,反而会加速能源消耗和二氧化碳等温室气体的排放,从而加大低碳经济建设的压力。因此从中国基本国情出发,在 2020 年以前,不能把节能减排的重心放在新能源上,新能源只能作为传统能源的有限补充,还不能在能源结构中占主导地位。2020 年以前,中国实现节能减排的低碳经济承诺关键在于占到中国能源消费比例 80% 以上的化石能源上。

在中国化石能源的结构构成中,煤炭占了很大比例,而燃煤的污染性很强。如果继续依靠增加煤炭的供给量来满足中国产业化进程中对能源的需求,中国的"高碳"特性将居高不下,中国政府也无法兑现承诺。同样,在中国化石能源结构中,比例居于第二位的石油的污染性也极强,把实现低碳的目标放在石油上,也是难上加难。幸运的是,中国可以借鉴 20 世纪八九十年代日本和韩国的做法,主要依靠增加天然气来满足工业化建设中对能源急剧增加的需求。天然气与煤炭、石油相比,具有明显的环保优势,所含有的硫、粉尘等有害物质很少。据测算,在同样热值的情况下石油排放的二氧化碳是天然气排放的 1.4 倍,而煤炭排放的二氧化碳则是天然气排放的 2 倍。由此可见,天然气燃烧时所排放的二氧化碳要远远少于其他化石能源[3]。这也是八九十年代的日本、韩国在初步实现产业化人均 GDP 能耗远低于六七十年代的美国、英国,初步实现产业化人均 GDP 能耗的原因。

基于环境效益和成本效益,天然气具有广阔的发展前景,将是解决目前中国发展与污染这一矛盾的首选资源,在促进低碳经济的发展中扮演着极为重要的角色。据测算,在能源消费中,每提高 1% 天然气的消耗、降低 1% 煤炭的消耗,就可以使单位 GDP 降低 0.5% 的二氧化碳排放量[4]。以此计算,如果不断提高天然气在一次能源消费中的比例,则中国到 2020 年单位能耗降低 40%~45% 的承诺不仅能实现,而且很可能超目标实现。

低碳经济革命时代的来临,为能源产业的发展带来了一场新的革命,在21世纪这个天然气时代,各国纷纷把天然气作为低碳化能源加以重视和发展,中国的天然气产业也面临着新的挑战和机遇。现阶段,中国天然气发展过程中还存着很多问题,其在一次能源中所占的比重也比较低。低碳经济的来临为中国天然气产业提供了广阔的发展空间,同时也提出了更高的要求。由此可见,身负重责的天然气产业如何应对低碳经济背景下中国能源结构的变化,如何把握低碳经济背景下的产业机会并适时进行战略调整,如何应对低碳经济对其提出的更高挑战和要求,对中国天然气产业结构的优化升级,进一步持续发展,以及中国能源结构的优化调整、环境的改善、低碳目标的达成起着尤为重要的作用。因此,对低碳经济下中国天然气产业的发展战略进行探讨,提出其发展战略及实施的对策,具有重要的理论和现实意义。

1.1.2 研究意义

研究低碳经济下中国天然气产业的发展战略,分析天然气产业发展过程中存在的问题,并结合低碳经济对中国天然气的发展要求,提出天然气的发展战略及实施的对策,具有重要的理论价值和现实意义。

(1)有利于为中国政府制定天然气产业发展战略提供理论依据。近几年冬季,中国天然气一度出现气荒现象,在一定程度上影响了居民生活和企业的生产。造成天然气气荒的原因是多方面的,但气荒问题显示了中国天然气供需不平衡的问题。中国政府对气荒现象十分重视,要求加快天然气产业的改革,从根源上解决天然气气荒问题。为促进中国天然气的科学利用以及合理有序发展,国家发展和改革委员会(以下简称国家发改委)于2007年颁布了《天然气利用政策》,对中国天然气的利用政策进行了规定,提出国家应该对天然气利用政策进行统筹规划,并结合各地天然气的实际需求区别对待,以确保天然气优先供应城市燃气。2012年底,中国政府制定了《天然气发展"十二五"规划》,在规划中指出"十二五"时期是全面构建现代能源产业体系的关键时期,也是天然气产业发展迈上新台阶的重要时期。但纵观近几年中国天然气的利用以及发展情况,还存在一些问题。例如,在天然气消费方面,工业用气的规模呈现不断扩大的趋势,尤其是一些以天然气作为原料进行生产的化肥企业不断增加,导致中国化肥产业出现产能过剩的情况。低碳经济下,制定中国天然气的发展战略,确定其发展方向,合理规范天然气消费行为,是十分必要的。因此,分析低碳经济给中国天然气产业带来的机遇和挑战,对中国天然气产业结构、天然气的供需情况等进行研究,并在此基础上制定和调整中国天然气产业的发展战略,能够为中国政府制定天然气产业发展战略提供理论依据,促进中国天然气产业的持续发展。

（2）有利于中国能源消费结构的升级和低碳经济的推进。能源问题一直是世界各国关注和重视的问题,随着全球经济的高速发展,对能源的需求将大幅度增长。同时,随着人们环保意识的增强,世界的能源结构也将适应环保的要求向着低碳化、无碳化方向发展。天然气作为目前理想的清洁能源,也越来越受到人们的关注。据预测,在未来的20年,在一次能源消费结构中,天然气将取代石油在一次能源中的地位,21世纪将是天然气的时代。因此,天然气产业必然迎来新的发展时期,大力发展天然气业务,是当今世界能源发展的大势所趋。

近年来,中国的能源产业保持着较高的发展速度,能源生产和消费已经位列世界大国行列,2013年中国能源消费已列居世界第一位。但中国一次能源消费结构极不合理,煤炭占一次能源总消费的比例仍高达67%左右,而天然气仅为5.1%,远低于世界平均24%的水平。但最近几年,中国对天然气的消费需求强劲,其增长速度远远超过一次能源中的其他能源。据《BP世界能源统计年鉴2015》,2014年中国天然气的消费需求增长率高达27%,而且未来几年仍将保持快速的增长势头。最近几年,由于中国产业结构调整优化及环保的要求,在中国能源消费结构中,煤炭比重有所降低,而天然气比重有了明显提高。在中国大力推动低碳经济发展的大时代背景中,天然气作为一种目前来说最理想的清洁能源,在国内具有广阔的发展前景。

据预测,2020年中国天然气消费量占全国一次能源消费结构的比例将提高到10%左右[5]。因此,大力发展天然气业务,有利于提高其在能源消费结构中的比例,从而优化中国的能源结构,有利于节能减排,促进社会、经济的持续健康发展,推进中国低碳经济的进程。目前,中国天然气产业的发展正呈现出良好的发展态势,而且就其发展前景来看,其高速发展的趋势势不可挡。中国天然气产业应认真探讨低碳经济时代大背景下的发展机遇和挑战,制定正确的发展战略,大力发展天然气业务,抓住这个时代背景下的大机遇。

（3）有利于改善中国的生态环境。中国是一个拥有14亿人口的大国,本身能耗量就大,再加上几十年来中国经济突飞猛进的发展,能源消耗速度不断加快,能源消费总量已经跃居世界第一位。能耗大,造成的大气污染程度本就严重,再加上中国的能源消费长期以燃煤为主,其造成的污染程度更加严重。大量燃煤导致空气中二氧化碳、二氧化硫等浓度不断增加,酸雨污染严重,温室效应明显,大气环境日益恶化,不仅给中国带来了巨大的财产损失,而且严重危害人们的身心健康。亚洲开发银行和清华大学于2013年1月共同发布了一份题为《迈向环境可持续的未来中华人民共和国国家环境分析》的研究报告,对中国政府在治理大气污染方面所做的努力给予一定程度的肯定,但同时指出,目前,全球污染最严重的10个城市中,中国城市占了7个。中国500个大型城市中,能够达到世界卫生组织空气质量标准的,不到1%[6]。从二氧化碳的排放来看,2013年中国碳排放量占全球碳排放量的29%,而美国仅为15%,欧盟为10%[7]。从这些数据可以看出,中国的环境状况已经到了根治的关键时刻。

中国政府十分重视环境保护,将环境保护作为一项基本国策摆在更加重要的位置上,据《2013年中国环境状况公报》,中国降污减排任务超额完成,环境质量有所改善,但是值得注意的是,部分城市的空气污染情况及酸雨的污染情况仍然较重,环境问题仍不容忽视。2012年《中国可持续发展报告》中指出,中国经济实现可持续发展的基本指导思想是:大力发展循环经济,实行清洁生产,全面推进节能减排;全面开展低碳经济试点,建立完善的低碳经济体制和政策。这也显示出中国政府对发展低碳经济的重大决心[8]。中国严峻的环境状况与过量使用煤炭有着密切的关系,因此降低煤炭使用量是中国节能减排、发展低碳经济的关键。而目前替代煤炭的最佳能源就是天然气,对环境造成的危害与煤炭相比很小,因此中国治理污染的一项重要措施就是增加天然气的消费量,减少煤炭的消费量,降低对煤炭的过分依赖。虽然近年来中国天然气产量不断增加,但人均消费量与世界平均水平相比还处于很低的位置,因此要实现中国经济社会的可持续发展,其中重要的措施就是要加速中国天然气产业的发展。

从环境保护的角度看,加速中国天然气产业的发展也是必然趋势,低碳经济的要求中就包含了环保的要求,不过是将环保提高到更高的层次,将天然气产业的发展更推进一步,因此应该抓住低碳经济的大好机遇,制定正确的天然气产业发展战略,从而为中国经济大发展、环境保护,同时也为中国天然气产业的自身发展做出重要的贡献。

1.2 国内外研究现状

1.2.1 低碳经济研究现状

"低碳经济"的概念最早出现在1998年,是由Ann P.Kinzig[9]等首次提出的。2003年,英国政府发表的《能源白皮书》对低碳经济的含义进行了界定:低碳经济就是以更少的自然资源消耗和更少的环境污染获得更多的经济产出;低碳经济是创造更高的生活标准以及更好的生活质量的途径和机会,也为发展、应用和输出先进技术创造了机会,同时也能创造新的商机和更多的就业机会[10]。低碳经济发展模式提出后,各国纷纷响应。学术界对低碳经济的研究也不断增加。目前,国内外有关低碳经济的研究主要包括低碳经济与经济增长之间的关系研究,低碳经济实现的制度安排以及低碳能源发展战略3个方面。

(1)低碳经济与经济增长之间的关系研究。低碳经济发展的重要措施是对碳排放的控制,碳排放一直是国内外学者关注的焦点问题。例如,Salvador Enrique Puliafito利用Lotka Volterra模型分析了人口、GDP、能源消耗与碳排放之间的关系,发现人口结构对碳排放有一定影响[11]。Ramakrishnan运用数据包络分析方法研究了GDP、能源消耗和碳排放之间的关系。Ugur Soytas运用VAR模型,分析了美国能源消耗、GDP增长和碳排放之间的因果关系[12]。T. C. Chang和S. J. Lin利用灰色关联分析测算了台湾34个行业的行业产值与碳排放之间的关系[13]。Paul B. Stretesky和Michael J. Lynch选取了169个国家,以1989—2003年为研究期,分析了各国人均碳排放量与对美国出口量之间的关系[14]。

(2)低碳经济实现的制度安排。碳税和碳交易是实现低碳经济的重要制度保障,因此国内外学者对碳税及碳交易进行了大量研究。Andrew指出碳税是重要的治理污染的政策手段,源于社会和经济活动对碳排放的需求[15]。Andrea Baranzini等对各国能源产品的碳税税率进行了分析总结,认为各国碳税税率的不同是造成国际协调碳税的障碍[16]。日本研究者也进行了研究,发现能源税和碳税的使用能够降低碳排放,同时能够改善能源消费结构。Benjamin Bureau利用情景模拟分析方法对法国的碳税进行了研究,认为碳税对不同地区、不同收入的家庭影响不同[17]。Cheng F. Lee 等以灰色理论和投入产出理论为基础,运用模糊目标规划方法构建数学模型,分析了不同的碳税方案对经济的影响[18]。中国学者也对碳税和碳交易进行了研究。例如,张明喜利用 CGE 模型进行了研究,认为征收碳税对减少碳排放具有一定的经济作用[19]。黄杰夫对比分析了碳排放与碳交易之间的关系,认为将来有可能两种政策同时实行[20]。魏东和岳杰分析了碳排放的保障措施,认为碳交易市场要运行必须提高排放权的效率[21]。

（3）低碳能源发展战略。低碳能源是应对气候变化、发展低碳经济的重要方法。国内外一些学者针对低碳能源问题进行了一系列研究。杜祥琬认为面对中国资源短缺、人口众多的情况,低碳新能源战略是实现可持续发展的必要途径[22]。张艳秋等人利用模拟分析技术对新能源进行了研究,认为新能源在能源构成中的扩大是一个逐渐加速的过程,中国的能源战略应该放在煤炭清洁化上[23]。Bisson 预测在未来短时间内化石燃料与其他资源的消费结构不会有太大的变化,化石燃料仍然占主导地位[24]。Valentine 对澳大利亚、加拿大、日本等国家的风力发电进行了研究,认为制约风力发电的因素主要包括社会、政治、经济等[25]。

1.2.2 天然气发展战略研究

国外一些发达国家的天然气产业已经经历了 100 年左右,处于发展的成熟期,他们在发展初期及成熟期采用的一些发展战略,可以作为中国发展天然气产业的借鉴和参考。例如,美国、俄罗斯等是世界上天然气产量及消费量都较高的国家,其天然气发展已经相对成熟,建立了较为完善的价格体系以及相关法律法规。这些国家围绕"以资源为先导,管网为基础,价格为杠杆"的发展战略已经很成熟完善。目前,国内外一些学者针对发达国家的天然气发展情况进行了研究,其中具有代表性的主要包括:满娟经过研究发现,大多数国家的天然气国家战略储备由政府控制,天然气生产和储备由公司操作,而美国天然气市场开放程度较高,实行高度的商业化,即天然气的生产、储备、价格各环节都是市场化运作[26];王国梁对国外天然气的立法体系进行了研究,指出美国联邦政府在 1938 年颁布了《天然气法》,对天然气产业实行监管,是最早颁布天然气法律的国家；英国在1986年颁布了《天然气法》，开始对天然气市场实行监管；俄罗斯也颁布了一系列的法令，适应天然气产业的发展[27]；Daivd Roe认为地质条件不同的国家对天然气战略储备建设的方式是有差别的。通过建设地下储气库或海底储气库、废弃气田储备天然气的是地质条件比较好的国家，因为日本、韩国等国家不具备建设地下储气库的地质构造条件，所以通过建设LNG项目来储备天然气。不同国家根据各自的资源、地质构造条件、消费群体和技术水平等情况选择了不同的天然气储备方式，形成了多种多样的天然气储备系统[28]。P. Stephen，A. Brown和Mine K. Yucel认为美国的天然气价格已经和原油等替代能源理顺了价格关系，天然气价格的变化受原油等替代能源价格变化的影响[29]。

中国关于天然气战略的研究起步较晚，还没有形成较为完善的理论体系。目前，中国低碳经济下天然气产业发展战略的研究主要集中在天然气产业发展战略、低碳经济对天然气产业的影响以及低碳经济下天然气产业的发展对策3个方面。

（1）天然气产业发展战略研究。

国内关于天然气产业发展战略的研究主要围绕着天然气产业的上游、管道、市场、化工等某一局部环节进行探讨，如魏一鸣等分析了油气上游发展战略[30]；李宏勋等提出了中国天然气市场的战略框架[31]；张新志提出了天然气科技战略[32]。部分学者对天然气产业整体的发展战略做了研究，如张抗提出一体化发展战略[33]；李良从能源安全高度出发提出了引导中国天然气产业有序竞争、合作与发展的对策[34]；张静提出了天然气对外能源战略和节能战略[35]。这些研究为低碳经济下天然气产业发展战略研究提出了思路，但是这些研究都是从宏观层面出发提出的发展战略，对天然气产业具体的战略框架并没有阐述，具体保证战略实施的措施也比较宏观，并且这些研究多是集中在2007年以前的，2007年中国提出低碳经济战略之后关于天然气产业发展战略的研究较少。

（2）低碳经济对天然气产业影响的研究。

关于低碳经济对中国能源产业影响的研究较多，而且较为系统，但是低碳经济对天然气产业的影响研究较少，而且这些研究大多是发展机遇方面的，对其挑战的研究几乎没有涉及，如严绪朝[36]、谢晓燕[37]、张一翘[38]等都认为建设资源节约型、环境友好型社会和发展低碳经济的长期基本国策，为中国天然气产业的持续发展提供了广阔的空间。

(3) 低碳经济下天然气产业的发展对策研究。

关于天然气产业的发展对策,很多学者从不同侧面进行了多方面的研究,而低碳经济的来临为中国天然气产业提供了有利的发展机遇,同时也提出了更高的要求,中国天然气产业应该采取何种战略来迎接低碳经济,目前关于这方面的研究较少,大多数学者是从其他方面的研究中侧面提到的。例如,林君暖[39]提出传统的能源产业应该加强创新,赵琳[40]认为能源企业应先摸清家底,形成产业内部低碳经济。

从上述分析可以看出,目前关于天然气发展战略的研究只是立足于天然气产业的某一局部环节进行分析,而且对于低碳经济背景下天然气产业的战略实施问题研究较少。在国际节能减排的形势下,中国政府积极履行环境责任,减少碳排放量。而天然气是一种重要的清洁能源,大力发展天然气产业对实现中国能源消费结构升级和中国节能减排目标至关重要,因此,从整个天然气产业的角度研究低碳经济背景下中国天然气产业发展战略问题非常必要。

1.3　研究方法和研究内容

1.3.1　研究方法

(1) 文献研究法。通过对国内外学术论文和专著、相关研究报告、统计年鉴和统计资料等文献信息和情报资料的查阅,分析中国天然气产业的供需现状。

(2) 调查研究法。重点对中国石化胜利油田分公司、中国石油长庆油田分公司和中海油天津分公司等天然气生产企业进行调查,全面了解中国天然气发展状况,通过调查研究做到理论分析和实际情况相结合,真实地反映中国天然气产业的发展现状。

(3) 定量分析法。根据中国天然气的供需现状,利用趋势外推法、灰色线性回归分析法等定量分析方法对中国天然气的短期、长期的供给量进行预测;并利用回归分析方法,设定基准情景、承诺低碳情景和强化低碳情景3种情景对中国天然气需求进行预测。

(4) 比较分析法。本书蕴含了较多待比较的问题,如将世界天然气生产和利用大国与中国的天然气产业进行比较,调查数据与历史数据进行比较等,均要用到比较分析法。

（5）QSPM 分析法。QSPM（Quantitative Strategic Planning Matrix）即定量战略计划矩阵，是战略决策阶段的重要分析工具，该方法对各种战略分别评分，并能够客观地指出哪一种战略是最佳的。通过分析影响中国天然气产业发展的内部和外部的关键因素，建立天然气产业发展的 QSPM 矩阵，提出天然气产业发展的战略选择。

1.3.2 研究内容

本书主要是通过分析低碳经济对中国天然气产业的影响，提出低碳经济下天然气发展战略。本书分为上下两篇，上篇为低碳经济下中国天然气产业发展格局研究，包括第 1 章到第 4 章内容。

第 1 章主要介绍课题的研究背景与意义，对国内外的研究现状进行了阐述，并对本书主要内容和创新之处进行简要说明。

第 2 章从储量产量、消费量、管道、进口四方面阐述国内外天然气产业，尤其是中国天然气产业发展状况及存在的问题，并对中国天然气可替代能源的现状进行分析。

第 3 章利用定量分析模型对中国天然气市场的供给及需求情况进行预测。

第 4 章利用竞争力评价模型对中国天然气产业的竞争力进行分析、评价。

下篇为低碳经济下中国天然气产业发展战略选择，包括第 5 章到第 9 章内容。

第 5 章对中国天然气产业的政治法律环境、经济环境、社会文化环境以及科技环境等方面的宏观环境进行分析，同时分析中国天然气产业的内部环境，主要从资源、SCP❶ 以及价值链方面分析。

第 6 章分析中国天然气产业所处的机遇、威胁以及其优势、劣势，从战略任务、方针、目标、重点、步骤 5 方面提出天然气产业的发展战略框架。

第 7 章根据战略设想，提出中国天然气产业发展的成长战略和竞争战略。

第 8 章主要从中国天然气产业自身出发，提出其战略实施的对策。

第 9 章主要从政府的角度分析保障中国天然气产业发展实施的条件及措施。

---

❶ SCP 代表：市场结构（structure）—市场行为（conduct）—市场绩效（performance）。

本书创新点主要体现在：

（1）结合低碳经济分析中国天然气产业的发展战略。目前,中国天然气产业发展战略研究基本上是在低碳经济提出之前开展的,本书结合低碳经济对中国天然气产业进行研究。在研究过程中,利用定量分析方法对承诺低碳情景以及强化低碳情景的需求量进行预测,充分分析低碳经济对中国天然气产业的影响。

（2）从全局角度分析天然气产业发展战略。国内外关于天然气产业发展战略的研究,多是集中在天然气产业的某一局部,本书从天然气产业的上中下游和社会公众等内外部视角对整个天然气产业进行全面剖析,提出针对整个天然气产业的发展战略。

（3）明确提出中国天然气产业发展的成长战略以及竞争战略。国内外有关天然气发展战略的研究大多只是分析了天然气产业发展的具体对策,并没有明确提出天然气的发展战略。本书结合中国天然气发展现状以及战略设想,明确提出中国天然气产业发展的多元化成长战略和低成本竞争战略,并对其进行深入分析。

1.4 小结

低碳经济是人类历史上取得的又一次重大进步,是人类协调发展与环保关系的又一次升华。低碳经济是一场革命,一场关系到人类生活方方面面的革命,对于与环境污染密切相关的能源业来说更是一场深刻的革命,势必对能源业产生重大的影响。有关低碳经济的研究主要包括低碳经济与经济增长之间的关系研究,低碳经济实现的制度安排及低碳能源发展战略3个方面。关于低碳经济下中国天然气产业发展战略的研究主要集中在天然气产业发展战略、低碳经济对天然气产业的影响及低碳经济下天然气产业的发展对策3个方面。研究低碳经济下中国天然气产业的发展战略是十分必要的。

第2章 国内外天然气产业及可替代能源发展现状分析

近几年,国内外天然气产业取得迅猛发展,但也存在一定的问题;与此同时,天然气的可代替能源石油、煤炭、新能源等呈现新的发展特点和趋势。本章主要针对国内外天然气产业及可替代能源的发展现状进行分析。

2.1 世界天然气产业发展现状

2.1.1 天然气储量产量迅速增加

2.1.1.1 世界天然气储量丰富但分布不均匀

由于世界各国努力推动勘探进程,加大对能源的勘探开发力度,世界能源储量一直处于快速增长的趋势。过去10年,世界天然气储量增加了19%。根据《BP世界能源统计年鉴2015》提供的相关数据,2014年底,全球天然气探明储量为187.1万亿立方米,可为全球提供54.1年的能源需要。与2013年天然气探明储量相比,2014年数据上升了0.3%。但是,由于各国资源贫富程度、技术水平、经济发展程度等不同,天然气储量分布也十分地不均匀。2014年世界各地区天然气探明储量见表2.1。

表2.1 2014年世界各地区天然气探明储量

排名	地区	探明储量(万亿立方米)	比重(%)
1	中东	79.8	42.7
2	苏联	54.6	29.2
3	亚太	15.3	8.2
4	非洲	14.2	7.6
5	北美	12.1	6.5

续表

排名	地区	探明储量(万亿立方米)	比重(%)
6	拉丁美洲	7.7	4.1
7	欧盟	1.5	0.8

数据来源:《BP世界能源统计年鉴2015》。

从表2.1中可以看出,世界天然气储量地区分布极不均匀,中东和苏联占据了世界天然气总探明储量的71.9%,超过了世界总探明储量一半以上。天然气储量分布存在明显的地区差异,各国的天然气探明储量之间也存在极大的差距,排名第一的是伊朗,2014年的天然气探明储量为34.0万亿立方米;第二是俄罗斯,探明储量为32.6万亿立方米;第三名是卡塔尔,探明储量为24.5万亿立方米。这三国探明储量的总和占据了世界总探明储量的一半以上。另外,美国位居第六,2014年的天然气探明储量为9.8万亿立方米;中国天然气探明储量居第14位,天然气探明储量为3.5万亿立方米。总之,随着各国对天然气重视程度的不断加深,科研投入加大及勘探开发工作的不断深入,天然气探明储量将呈现逐年递增的趋势。

2.1.1.2 天然气产量迅速增加

近年来,世界天然气产量以3%左右的速度迅速增长,2014年产量达到了34606亿立方米,同比增长1.6%,几乎是1980年天然气产量的3倍,同时也创下了自1980年以来增速最高的水平——7.3%。同世界天然气储量分布不均一样,各地区天然气的产量也存在很大的不同。北美地区和苏联地区天然气的产量占全球天然气产量的49.6%,几乎占据了一半。其中,除北美地区以外,其他地区同比增长低于全球平均水平,美国是全球增长量最大的国家,同比增长6.1%;而俄罗斯在天然气产量方面成为全球减少量最大的国家,同比减少4.3%。亚太地区和中东地区天然气产量占全球总产量的比例为32.6%,低于北美地区和苏联地区的产量,但其天然气产量增速仅次于北美地区的两大区块,其中亚太地区为3.7%,中东地区为3.5%。从天然气产量在各国的分布情况来看,美国近年来由于非常规天然气页岩气的开发,天然气产量超过了俄罗斯,成为世界天然气产量第一大国,2014年美国天然气的产量为7283亿立方米,占世界总产量的21.4%。俄罗斯一直是天然气产量大国,2014年天然气的产量为5787亿立方米,位居世界第二,在全球产量中所占的比例略低于美国,为16.7%。中东地区的卡塔尔也是天然气产量大国,目前位居世界第三,2014年天然气产量为1771亿立方米,但年增长率较低,仅为0.4%。中国天然气产量为1345亿立方米,位居世界第七,但增长率较高,2014年为7.7%。其中,天然气产量增长率最大的是马来西亚,2014年同比增长了28.6%,其他亚太地区的国家天然气产量增长率也较大,说明亚太地区的国家也开始积极投入天然气产业的生产。

从表2.2和表2.3中可以看出,尽管全球天然气产量高速增长,但大部分地区和国家天然气的储采比仍然处于较高的水平,中东地区的储采比为165,委内瑞拉、土库曼斯坦、伊朗的储采比都超过了190,这说明天然气有较高的上产空间,在未来几十年天然气产量将继续保持较高的增长水平,天然气产量将不断增加。

表2.2 2014年世界各地区天然气储采比

地区	中东	苏联	非洲	拉丁美洲	亚太	欧盟	北美	全世界
储采比	165	71.8	69.8	43.8	28.7	11.3	12.8	54.1

数据来源:《BP世界能源统计年鉴2015》。

表2.3 2014年世界主要国家天然气储采比

国家	卡塔尔	伊朗	委内瑞拉	土库曼斯坦	尼日利亚	阿联酋	沙特阿拉伯	俄罗斯	阿尔及利亚	中国	美国
储采比	138	197	191	253	132	106	75	56	54.1	26	13

数据来源:《BP世界能源统计年鉴2015》。

2.1.2 天然气消费量高速增长,供需矛盾不断加剧

同世界天然气产量一样,到2010年世界天然气消费量也创下了自1980年以来最高的增速水平——7.4%,2010年全球天然气的消费量为31690亿立方米,几乎达到1980年14509亿立方米消费量的3倍,增长了近118.4%,年均增长率达到3.9%的高水平。天然气作为高效洁净方便的能源,在世界能源需求中所占的比例越来越高,各地区和国家对天然气的需求大大增加。而近两年,尽管天然气消费需求增长速度有所放缓,但由于低碳经济的概念在全球得到认同,从长期来看,天然气消费需求还将持续增加。根据《BP世界能源统计年鉴2015》的数据,2013年全球天然气消费量增长1.4%,而同期全球天然气产量

增长1.6%,略高于消费量增长率;2014年世界天然气产量增长1.6%,而2014年天然气消费量仅增长0.4%,产量增长是天然气消费量增长的4倍,供需矛盾在一定程度上得以缓解。但是,从总体发展趋势来看,世界各国对清洁能源的应用将更加广泛,天然气的消费量仍将持续增加,供需矛盾在相当长的一段时间内仍将持续。BP预计天然气将成为全球增长最快的化石燃料,年均增速为2.1%,其中非经济合作与发展组织(简称经合组织)成员占全球天然气消费增长的80%,需求增长最快的地区是亚洲非经合组织成员(年均增速为4.6%)和中东(年均增速为3.7%)。中国的天然气消费将以年均7.6%的速度迅速增长,2030年预计达到13.03亿立方米/日,相当于欧盟2010年的消费水平。就供应方面来看,全球天然气供应增长的主要区域是中东和苏联,在全球供应增长中分别占26%和19%,澳大利亚、中国和美国预计也会大幅增加天然气供应量。

从表2.4中可以清楚地看出,各地区天然气分布不均,有些地区的供需矛盾十分突出,欧盟在天然气方面存在着2546亿立方米的缺口,需要大量进口天然气,对外依存度高达60%～80%;亚太地区的对外依存度也很高,需要大量进口天然气。

表2.4 2014年各地区产量与消费量对比

单位:亿立方米

地区	北美	亚太	欧盟	经合组织	苏联	中东	拉丁美洲
产量	9484	5312	1323	12482	7603	6010	1750
消费量	9494	6786	3869	15786	5685	4652	1701
缺口	-10	-1474	-2546	-3304	+1918	+1358	+49

数据来源:《BP世界能源统计年鉴2015》。

从表2.5可以看出,2014年美国是全球天然气消费量最大的国家,同时也是全球最大的天然气生产国,在天然气消费量方面,中国和美国占据了全球81%的天然气消费量增长,而欧盟和印度的消费量则有所下降。同时,美国作为第一大天然气产量和消费量大国,仍需要大量进口天然气。作为近年来异军突起的天然气消费大国的中国,也需要大量进口天然气才能保障国内天然气的需求,对外依存度很高,而且随着天然气需求的不断增加,供需矛盾将更加突出[41]。

表 2.5　2014 年主要国家产量与消费量对比

单位：亿立方米

国家	美国	中国	俄罗斯	加拿大	伊朗	沙特阿拉伯
产量	7283	1345	5787	1620	1726	1082
消费量	7594	1855	4092	1042	1702	1082
缺口	-311	-510	1695	578	24	0

数据来源：《BP 世界能源统计年鉴 2015》。

2.1.3　LNG 迅速发展，天然气贸易全球化

（1）世界天然气贸易总额呈现快速增长趋势，液化天然气（LNG）贸易量不断增加。世界天然气贸易近年来出现了强劲的增长势头，2014 年世界天然气贸易总量达到了 9800 亿立方米，是 1990 年世界天然气贸易总量的 3 倍多，增长了近 217.2%，年均增长率为 10.86%（图 2.1）。在世界天然气贸易中主要有两种贸易形式，即管道天然气和 LNG，2014 年世界天然气贸易总量中，LNG 的贸易量为 3300 亿立方米，占天然气贸易总量的 33.7%，管输天然气占 66.3%。虽然 LNG 交易量所占的比例远低于管道天然气，但近年来 LNG 在国际天然气贸易中的地位却越来越突出，其增长率远高于管道天然气。2010 年 LNG 的贸易量增长了 22.6%，而管道天然气增长率仅为 6.9%，尽管 2014 年 LNG 的增长量放缓，但是 LNG 的总体发展趋势仍是增长态势。据有关专家预测，到 2020 年 LNG 的贸易量将达到 40% 以上的比例。

（2）不同地区天然气进口贸易量差别较大。在国际天然气贸易中，亚太、欧洲是世界天然气主要进口地区，在世界天然气贸易中主要的出口地区则是俄罗斯、中东和非洲。在世界天然气主要进口地区和国家中，欧洲天然气依赖的主要是管道天然气，2014 年管道天然气进口量为 3619 亿立方米，其中 1477 亿立方米从俄罗斯进口。在北美地区，美国也主要依靠管道天然气的进口。与前两个地区不同，亚太地区天然气进口主要依赖的是 LNG，从中东地区和非洲进口 LNG[42]。不同地区天然气对外依赖程度不同，2014 年，中南美洲、非洲、中东地区天然气的生产量大于需求量，有剩余的天然气可供出口，北美洲天然气生产量和消费量大致相当；而亚洲、欧洲和欧亚地区天然气的产量小于其消费需求量，需求在一定程度上依赖进口。2014 年，俄罗斯出口天然气

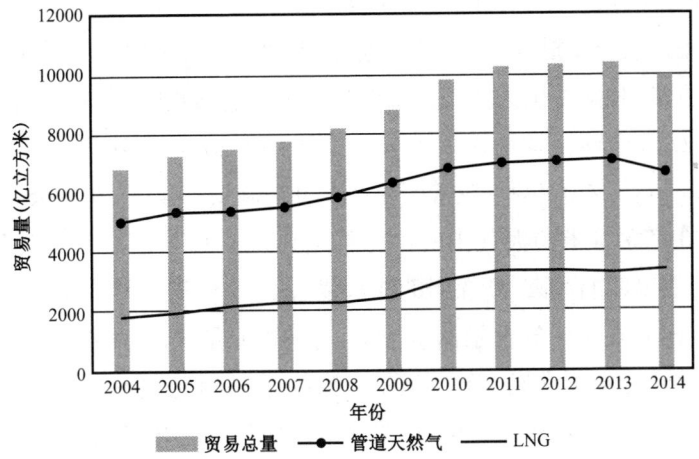

图 2.1　2004—2014 年全球天然气贸易增长变化情况
数据来源:《BP 世界能源统计年鉴 2015》

1833 亿立方米,尽管与 2013 年相比,下降了 6.7%,但在出口贸易中所占比重仍然比较高,与此同时,中南美洲和韩国进口增加,而西班牙、英国和法国进口减少。

　　从以上分析可以看出,随着世界天然气市场的发展,天然气贸易的地位将越来越突出,贸易量将迅速增加,中国作为主要的天然气消费大国,应更加重视天然气进口工作,保障进口渠道的多元化,保障国内的能源供应和安全。近年来,由于石油、煤炭等带来的环境污染以及生态破坏问题越来越严重,各国政府对此关注程度不断升高,因此,发展低碳经济、实现节能减排成为全球性的问题。天然气作为一种清洁能源必将成为低碳经济的必然选择,而这也会促进中国天然气产业的快速发展。

2.2　中国天然气产业发展现状

2.2.1　中国天然气资源供给分析

2.2.1.1　天然气储量丰富

(1) 常规天然气储量丰富。自 2000 年以来,中国苏里格、普光以及大牛地等气田陆续被发现,使得中国天然气探明储量快速增长[43]。2005 年,中国天然气探明储量仅为1.5万亿立方米,排在全球第19名,当时全球天然气探明储量为172.3万亿立方米;根据BP统计数据,截至2014年,中国天然气探明储量为3.5万亿立方米,其间中国天然气探明储量呈现快速增长的趋势,年均增长率为17.8%(图2.2),全球平均增速仅为3.5%。2010—2014年,中国天然气新增探明地质储量1.1万亿立方米,新增探明技术可采储量4749亿立方米。其中,新增大于1000亿立方米的大气田所占比重达到80%以上,有5个,在深水天然气勘探方面取得新的突破,新探明的深水陵水17-2气田天然气储量达1020亿立方米。中国常规天然气远景储量丰富,可采资源量较高,根据全国第三次油气资源评价结果:中国常规天然气远景资源量为56万亿立方米,可采资源量超过22万亿立方米,主要分布在四川、柴达木、塔里木、鄂尔多斯、松辽、渤海湾、东海、琼州南以及莺歌海九大盆地。

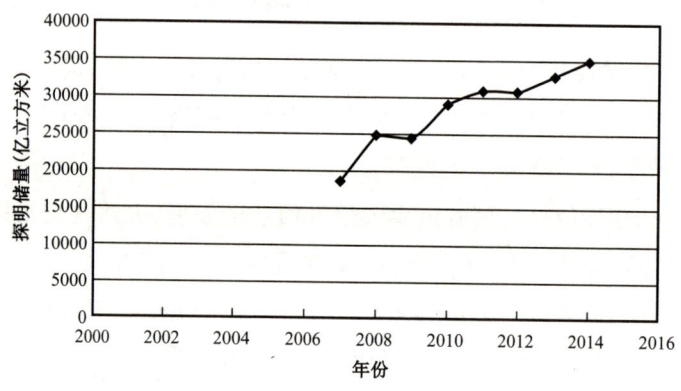

图2.2 中国天然气探明储量
数据来源:《BP世界能源统计年鉴2015》

(2)非常规天然气储量丰富。非常规天然气包括页岩气、煤层气、致密气等。中国非常规天然气的发展,按重要性排序,第一位是致密气,第二位是煤层气,第三位是页岩气。首先,中国致密气的资源潜力很大,截至2013年底,致密气探明可采储量为1.8万亿立方米,约占全国天然气探明可采储量的32%,其中90%分布在鄂尔多斯盆地和四川盆地。其次,煤层气资源丰富,2014年中国煤层气探明地质储量为601亿立方米,较2013年增长155%;新增探明技术可采储量305亿立方米,较2013年增长159%。再次,中国是页岩气资源最丰富的国家(表2.6),页岩气技术可采资源量为31.55万亿立方米。

表 2.6　2013 年世界各国页岩气技术可采资源量

国家	页岩气技术可采资源量（万亿立方米）
中国	31.55
阿根廷	22.7
阿尔及利亚	20.01
美国	18.82
加拿大	16.22
墨西哥	1542
澳大利亚	12.37
南非	11.04
俄罗斯	8.07
巴西	6.93

数据来源：中国石化新闻网。

2.2.1.2　天然气产量大幅增长

（1）从产量来看，近年来中国天然气产量大幅度增长。从 2002 年的 326 亿立方米增至 2014 年的 1301.6 亿立方米，年均增长率约为 24.9%。目前，中国天然气生产以长庆气区、川渝气区、塔里木气区及海洋气区四大气区为主。

（2）天然气管网的建设使得天然气的供应更为便利。自 2004 年以来，天然气管网建设一直处于高峰建设阶段，目前已初步形成了"西气东输、海气登陆、就近供应"供气格局。天然气管道、地下储气库以及 LNG 建设全面提速，特别是地下储气库进入建设和投产的高峰阶段。2014 年，中国建成投产管道长度达到 8.3 万千米，新增管道长度 5013 千米，主要投产的管道包括西气东输三线西段、中贵联络线陇南支线、中缅天然气管道支线等；截至 2014 年底，地下储气库达到 20 座，设计工作气量总计达 151 亿立方米，有效工作气量为 42 亿立方米，调峰气量为 28 亿立方米；投产的 LNG 接收站 11 座，总接收能力达 3740 万吨/年，2014 年投产了青岛和海南 LNG 接收站。随着国民经济的快速发展和天然气产量的迅速增长，许多天然气长输管线陆续投入运营，各大气区周边的输气管网不断完善[44]。中国主要的天然气管道的建设情况具体如下：

① 中亚—中国天然气管道。该管道是中国首条跨国天然气管道,这条管道分为A、B、C、D线,A线在2009年12月贯通,2010年10月这条管道实现了双线投产运营,此管道设计的年输气能力为300亿立方米。截至2014年年底,A、B、C线已建成通气,D线目前仍在建设中,预计2020年完工。D线建成之后,中国—中亚天然气管道将成为中亚地区规模最大的输气系统,总输气规模能达到850亿立方米/年。2014年,中国—中亚天然气管道输气量为283亿立方米。

② 西气东输管线。西气东输管线是中国距离最长、口径最大的输气管道,西起塔里木盆地的轮南,东至上海。全线采用自动化控制,供气范围覆盖中原、华东、长江三角洲地区,全长4200千米。2004年西气东输一线工程全线正式商业运营,2010年西气东输二线正式运营,截至2014年中国西气东输二线累计输气量突破700亿立方米,而西气东输一线、二线10年间(2004—2014年)累计输送天然气约1800亿立方米。西气东输三线工程于2012年开工建设,2016年西气东输三线工程的东段已经完工投产。目前,还有部分支干线在建设中。西气东输管线的建成进一步缓解了中国天然气供需分布不均衡的状态,促进了中国天然气消费量的增加。

③ 中哈天然气管道二期工程。该管道是中国与哈萨克斯坦合作的又一重大项目,管道全长1475千米,分成两阶段建设实施,第一阶段于2013年竣工通气。中哈天然气管道二期工程设计年输气能力为100亿~150亿立方米,该管道建成后将与中国西部主要的油气区连通,进一步提升中国天然气的输送能力。

④ 中缅天然气管道。该管道是在中国西南地区新开通的天然气陆上进口渠道,其干线长度达到1727千米,设计的年输气能力为120亿立方米,将进一步促进中国天然气进口的多元化,保障供应能力。2014年,中缅天然气管道输送天然气30亿立方米。

⑤ 陕京三线。该天然气管道主要是向北京及环渤海地区供气,途经三省一市,设计年输气能力为150亿立方米,对保障北京地区的用气需求具有重要作用。

目前,陆上天然气进口线路为中国—中亚天然气管道和中缅天然气管道。海上LNG进口路线和原油相同。

(3)非常规天然气已经起步。中国非常规天然气产量近年来保持着稳步增长的态势,2014年中国非常规天然气产量为57.2亿立方米,包括煤层气、页岩气、煤制气(图2.3)。2014年煤层气产量为36亿立方米,同比增长23.3%,初步实现工业化生产,成为天然气有效补充。目前,中国煤层气开发规模最大的5个企业分别是晋煤集团、中国石化、中国石油、中国海油(控股中联煤层气有限责任公司)和河南煤层气公司。2014年页岩气产量为13.3亿立方米,生产以中国石化涪陵区块和中国石油长宁—威远区块为主。2014年煤制气产量为7.9亿立方米(不包括内蒙古汇能煤电集团煤制气产量),中国煤制气主要来自大唐克旗煤制气项目一期工程、伊犁庆华煤制气项目一期工程、内蒙古汇能煤电集团一期年产4亿立方米煤制气及天然气液化项目。目前,中国在致密气的开发方面已经具备了较强的技术能力以及经济实力,致密气的开发已经进入快速增长阶段;煤层气开发方面,中国已经掌握了开发煤层气的基本技术,为煤层气的大规模开发提供了条件;而在页岩气方面,尽管中国是页岩气资源非常丰富的国家,近年来越来越多的专家学者投入页岩气的勘探开发研究,虽然取得了一定的技术突破,但是中国的页岩气勘探开发仍然处于试验阶段,大规模开发生产仍需时日。

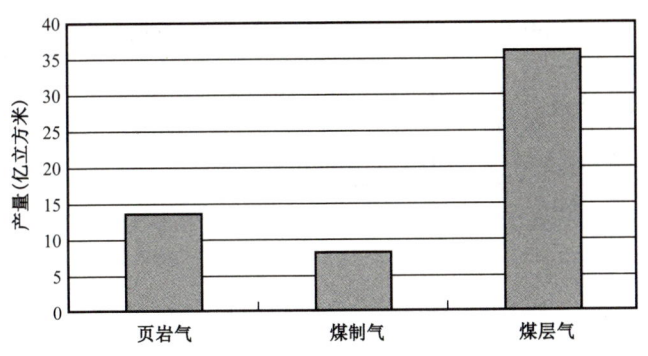

图2.3　2014年中国各类非常规天然气产量
数据来源:国土资源局

2.2.1.3　天然气资源分布广泛

中国天然气资源分布广泛(表2.7),为提供天然气创造了良好条件。但是从天然气的分布区域来看,呈现分布不均衡的形势,其中东部地区天然气储量较少,而中西部地区天然气储量较多。从消费需求来看,东部消费需求要高。从中国天然气常规资源的分布情况来看,主要集中在岩性地层、前陆盆地冲断带、成熟探区和海域等几大领域,导致天然气勘探开发存在较大难度。中国天然气资源分布广泛,由此导致地区间差异明显和气藏分布十分分散,这就加大了勘探开发的难度;由于中国天然气勘探对象的地质构造复杂,成因各异,埋深大等,勘探难度进一步增大。

表2.7 中国天然气资源分布统计

地区及主要盆地	可采资源量 (亿立方米)	探明可采储量 (亿立方米)	待探明可采资源量 (亿立方米)	资源探明程度 (%)
东部区	14732	3372.8	11359.2	22.89
渤海湾盆地	4343	1432.7	2910.3	32.99
松辽盆地	7595	1903.1	5691.9	25.06
中部区	63684	21098.2	42585.5	33.13
鄂尔多斯盆地	29034	11114.2	17919.8	38.28
四川盆地	34239	9984.3	24254.7	29.16
西部区	74648	8541.3	66106.7	11.44
塔里木盆地	58629	6112.9	52516.1	10.43
吐哈盆地	1397	253.8	1143.2	18.17
柴达木盆地	8644	1579.1	7064.9	18.27
准噶尔盆地	4730	571.2	4158.8	12.08
南方区	4446	8.5	4437.5	0.19
青藏区	10268		10268	0.00
海域区	52549	3068.9	49480.1	5.84
东海陆架	24753	479.4	24273.6	1.94
渤海湾盆地	1825	328.8	1496.2	18.02
北部湾盆地	389	34	355	8.74
琼东南盆地	7243	805.3	6437.3	11.12
莺歌海盆地	8137	1038.4	7098.6	12.76
珠江口盆地	4828	383	4445	7.93
全国合计	220328	36090.1	184237.9	16.38

数据来源:中国燃气网。

2.2.1.4 天然气进口数量不断增加

(1)天然气进口总量增长迅速。随着中国社会经济的发展,天然气需求量增长迅速,中国天然气的进口数量也不断增加,天然气对外依存度不断上升。

从图 2.4 可以看出,2011 年时,中国的天然气进口量达 309 亿立方米,这相当于 2006 年天然气进口量的 30.9 倍。2014 年中国天然气进口总量为 42870634 吨（583 亿立方米）,比 2013 年增长 12.6%。2014 年天然气对外依存度为 32.4%,相比 2013 年增加 1.2 个百分点。

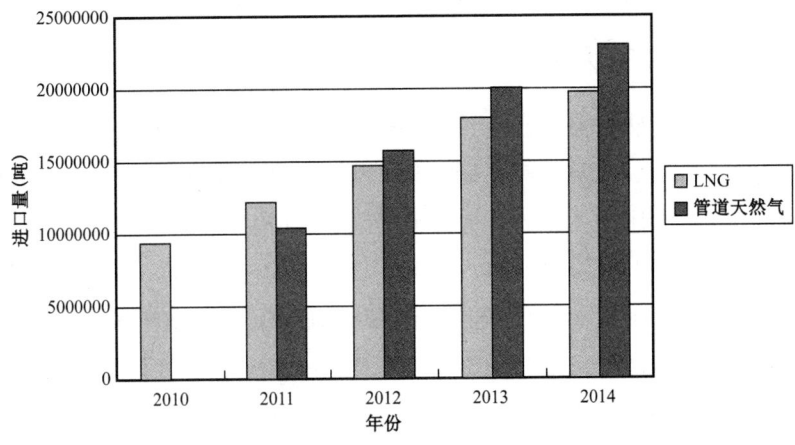

图 2.4 2010—2014 年中国天然气进口情况
数据来源：中国燃气网

（2）LNG 在进口总量中所占的比重不断上升。天然气进口包括管道天然气以及 LNG。中国大陆于 2006 年才开始输入 LNG,比日本晚 38 年,比欧洲晚半个世纪,但进口数量增长速度很快。2012 年,中国 LNG 进口量为 1468.3 万吨,同期管道天然气的进口量为 1580.07 万吨。2013 年,中国 LNG 天然气进口增长 22.9%。同时,为了缓解中国天然气供需缺口,保障天然气市场的需求,中国建成了一系列的 LNG 接收站。2006 年,中国建成了第一个 LNG 接收站——广东深圳 LNG 接收站。截至 2014 年底,中国投产的 LNG 接收者达到 11 座,年总接收能力为 3740 万吨,2014 年投产了青岛和海南 LNG 接收站。

（3）中国天然气气源主要来自土库曼斯坦、澳大利亚以及俄罗斯等国家。2014 年中国管道天然气进口量进一步增加,达到 330 亿立方米,管道天然气进口总量比重不断上升,占天然气进口总量的 55.5%。2014 年向中国输出 LNG 的国家有 17 个,共计 19847590 吨。中国管道天然气的进口大部分来自土库曼斯坦,少量的来自乌兹别克斯坦、哈萨克斯坦、缅甸等国家[45];LNG 主要来自澳大利亚、印度尼西亚、马来西亚和卡塔尔四国。

（4）国内天然气的区域间贸易不断发展。从中国区域间贸易来看,中国天然气消费区域实现了大面积由产地向跨区域消费的转变,随着天然气管网基础设施建设的逐步完善,以及涩宁兰线、陕京线、忠武线和西气东输管线等长输天然气管道的投产启用,中国天然气市场呈现出"西气东输、海气上岸、北气南下"的跨区域贸易局面,天然气消费贸易扩展至全国各个省市。

2.2.2 中国天然气资源需求分析

（1）天然气消费需求量迅速增加。随着环境保护的不断加强以及中国低碳经济理念的不断深入,天然气消费量迅速增加。2011年,中国天然气消费量达1307亿立方米,同比增长21.5%,是2001年天然气消费量的4.8倍,年均增速达37.7%。2014年,中国经济增速放缓,天然气第二轮价改的推出,国际原油价格和煤炭价格持续下跌使得中国天然气需求增速放缓。根据BP能源统计的数据,2014年天然气表观消费量为1816亿立方米,同比增长仅118亿立方米,远低于预期;绝对消费量为1761亿立方米,同比增长121亿立方米,增长率为7.4%,增幅显著下降。2014年,天然气消费量占全国能源消费总量的6.0%,较2013年增加0.2个百分点。随着低碳经济的发展和城市化水平的提高,特别是天然气管网等基础设施的建设和完善,城市燃气用量将大幅增加,化工用气将不断减少,天然气汽车将大面积普及,中国天然气消费结构将不断优化,并由以化工为主的单一结构向工业燃料、城市燃气为主的多元化方向转变。

（2）天然气消费市场区域范围不断扩大。就消费市场而言,随着西气东输一线、二线,陕京一线、二线、三线,忠武线,涩宁线等一系列长输管线的建成投产,天然气消费市场由生产基地大规模向中东部地区拓展,天然气消费市场不断扩大,新市场不断涌现。中国天然气骨干管网的不断完善及东部沿海LNG项目的建设,将大大加快东南沿海天然气市场的培育和发展,东部沿海地区将成为中国天然气的主要消费市场。近年来,随着资源勘探开发技术的突破、国家能源消费政策的调整、城市化进程的快速推进以及管网建设的不断完善,中国天然气资源探明储量和年产量不断增加,消费市场迅速扩大,消费量呈现出了快速增长的趋势。随着城市化建设的快速推进以及人们使用清洁能源意愿的不断增强,天然气消费区域不断扩大。2011年10月,西藏第一座天然气站正式建成投产,中国天然气消费区域扩大至大陆所有的省区市。据统计,截至

2013年底,中国天然气年消费量超过10亿立方米的省区市已达到30个。其中,四川、新疆、陕西等产地区以及东部经济发达地区是中国天然气消费的主要地区。根据不同的消费特点,当前中国已经形成了8种不同类别的天然气消费市场。

(3)东部沿海地区天然气需求量增长迅速。根据国家发改委能源研究所预测,未来东部沿海地区将成为中国天然气的主要消费区域。到"十三五"末期,长江三角洲、环渤海、东南沿海以及中南部地区的天然气消费量将占全国需求总量的70%以上,其中长江三角洲地区的消费量预计占全国天然气需求总量的16%~18%,成为中国天然气最大的需求中心;环渤海地区的天然气消费量预计占到全国天然气需求总量的14%~16%;东南沿海地区达到15%~17%。此外,中南部地区会成为未来天然气需求增长最快的地区,消费量预计会占到全国天然气需求总量的13%~15%。

(4)中国天然气消费结构发生了变化。2000年以前,中国的天然气消费主要集中在工业燃料和天然气化工两个领域,年均消费增长率不足3%。但是目前,消费应用领域已经扩展到城市燃气、工业燃料、天然气发电以及天然气化工等领域。中国天然气消费量从2010年首次突破千亿立方米,到2014年达到了1761亿立方米,增速约为21.5%,消费结构不断优化,城市燃气、工业用气量持续增长。从图2.5可以看出,中国城镇燃气消费比重稳中上升,而工业以及化工的消费需求量比重下降,车用燃气比重大幅度上升。由此可以看出,中国天然气消费量在增长,消费结构也在变化。

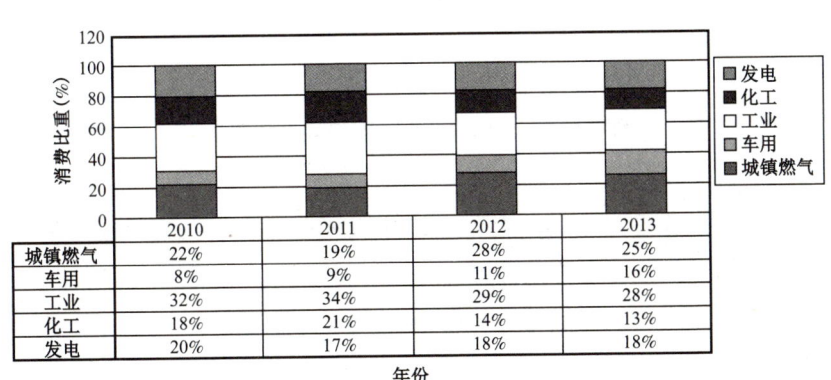

图2.5 中国天然气消费结构图

2.3 中国天然气产业发展存在的问题

2.3.1 天然气供需缺口不断扩大

近年来,中国天然气管网等基础设施日趋完善,天然气需求旺盛,2013 年中国天然气消费量达 1677 亿立方米,同比增长 13.8%。自 2007 年以来,随着天然气需求的快速增长,天然气资源供应明显不足,供需缺口逐年增大,2013 年中国天然气产量为 1208.6 亿立方米,同比增长 9.3%,供需缺口 507 亿立方米,进口依存度高达 31.6%(图 2.6),与 2007 年相比增加 19.8 个百分点,天然气供需矛盾已严重影响中国能源安全。在天然气资源分布方面,中国大部分天然气产区地质条件异常复杂,天然气勘探开发成本较高,开发难度大。此外,中西部地区是中国天然气资源的富集区,而中国天然气消费市场主要集中于东部地区,天然气资源远离终端消费市场,资源调配无形中也提高了天然气价格。气价成为决定天然气有效需求的瓶颈,严重制约中国天然气产业的快速发展。

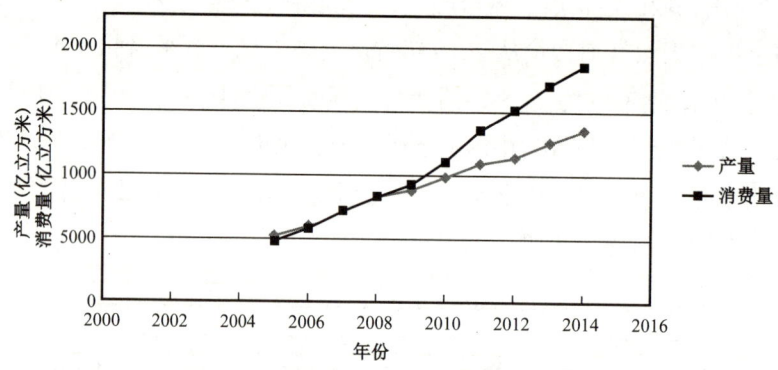

图 2.6　中国天然气消费量、产量变化趋势
数据来源:《BP 世界能源统计年鉴 2015》

从消费结构来看,天然气发电是天然气利用的主要趋势,世界各国在天然气利用方面均以天然气发电为主,而中国天然气的消费利用现状与目前世界天然气的利用水平相比还存在很大的差距,天然气发电在中国天然气消费结构中所占的比例很小,中国天然气利用主要集中在化工和产业燃料方面。但近年来中国天然气的消费结构正朝着日趋合理的多元化结构不断迈进,城市燃气和天然气发电比重迅速增加,化工用气和产业燃料的比重有所降低。随着天然气产量

不断提高、需求不断增大,中国在天然气利用结构方面将更加合理,在未来几年天然气在发电利用上的比重将大幅度上升,成为天然气利用上的最重要方面。

随着中国经济的高速发展、居民环保意识的不断提高,天然气作为洁净环保资源,其需求将大幅度增长,中国天然气供应将出现明显的不足,供需缺口不断增大。有关专家预计,到2020年中国天然气的进口依存度将高达34%,直接对中国天然气的稳定供应提出了挑战。另外,中国天然气产地和需求市场分布的不合理加大了天然气的开发利用难度,进一步加大了供需矛盾,影响着中国天然气产业的健康发展。

2.3.2 基础设施建设有待加强

国外天然气产业发展成熟的国家的经验表明,要想促使天然气产业大发展,管道建设是关键。天然气产业由上、中、下游三部分组成,而管道建设就处于中游的位置,是连接上游生产与下游消费的中间环节,架起了资源与市场、气田与用户之间的桥梁;再加上中国天然气资源集中分布在中西部,远离东部经济发达地区,管道的桥梁作用在中国天然气产业发展中更为重要。起初正是由于中国天然气产业的管道建设滞后、不健全,使得初期的利用局限于气源地附近,严重阻碍了中国天然气产业的发展。

虽然中国的管道建设近年来取得了瞩目的成就,但与国外相比,差距仍然较大。美国天然气管网长度超过50万千米,约有210个管道系统,管道密度达0.05千米/千米^2。此外,美国拥有415个地下储气库,分布在全国气田和消费中心,储气库容占全部调峰气量的80%以上,天然气管网和储气库协调运行,共同保障上游气田平稳生产以及管道高效输送。德国天然气管网长度超过40万千米,同时配套建设了近50个地下储气库,储气量占其全年天然气消耗量的30%以上。截至2014年底,中国天然气管网仅有8.3万千米,储气库天然气储量仅占中国天然气消费总量的3%左右。根据国家能源局的规定,天然气储备量至少占中国天然气需求总量的20%~25%才能确保中国天然气供应安全[46]。就中国天然气的供应来看,仍不能满足天然气发展的需求,尤其是省级管网建设、城市配气管网建设,发展速度仍然滞后,而且用于保障供气调峰的地下储气库群缺乏,因此需要进一步完善天然气管网建设布局,争取实现气化各省、县县通气、镇镇通气,争取使天然气管网覆盖整个中华大地,从而推动中国天然气产业的大发展。

2.3.3 天然气定价机制不完善

长期以来,中国依据政府的指导对天然气定价,基本上采用成本加成定价的方法,定价机制缺乏灵活性,天然气价格难以反映市场的实际供求状况;天然气与其他可替代能源的热值比价很低,严重影响天然气生产企业勘探开发的积极性,同时也导致天然气需求激增,"气荒"现象频发;国内天然气价格远低于国际水平,不利于国外天然气的大规模引进。天然气的生产、管输和销售主要集中在三大石油公司,垄断严重,不利于成本的降低和中国天然气产业的快速发展。

(1) 价格管制导致出厂价格偏低。天然气的勘探开发属于高投资、高风险的行业,制定价格的时候也应该以高价格进行弥补。但中国的天然气井口价格采用成本加成的方法确定,由政府进行严格的限制,使天然气的井口价一直处于较低的水平,不能反映市场的供求规律。国内天然气的价格远低于国际气价,消费者更倾向于使用国内天然气,从而削弱了进口气的竞争力,不利于天然气资源的供给安全,不利于国内市场与国际接轨。中国政府多次进行了天然气价格的调整(表 2.8)。例如,2005 年进行价格调整后,中国石化和中国石油的天然气平均出厂价分别为 794 元/10^3 米^3 左右和 718 元/10^3 米^3 左右,而国际上天然气的平均出厂价为 1750 元/10^3 米^3。2010 年 5 月 31 日,国家发改委发出通知,该通知对中国天然气的出厂基准价进行调整,从 6 月 1 日起,每千立方米提高价格 230 元,使得天然气的平均出厂价格提高到 1155 元/10^3 米^3 左右。国家发改委的这次价格调整是中国天然气价格改革的重要措施,在一定程度上改善了天然气价格体系,提高了天然气价格,有利于激发生产企业的积极性,但是与国际天然气平均价格相比,中国天然气价格水平仍然较低。

(2) 未形成准确的替代能源价格联动机制。2005 年,国家发改委在《关于改革天然气出厂价格形成机制及近期适当提高天然气出厂价格的通知》中确立了天然气出厂价格形成机制,理顺了过去出厂价格的混乱局面,并初步考虑了天然气价格受市场供需及替代能源的影响,初步建立了替代能源的挂钩机制,天然气出厂基准价格与原油、液化石油气(LPG)和煤炭等替代能源挂钩,即计算这 3 种能源的 5 年移动平均价格,然后分别按照 0.4,0.2 和 0.4 的权重计算天然气的价格,调整的时间为一年,每次调整幅度不大于上一年度的 8%。而在国际市场上,天然气价格与油价相关,天然气价格一般为原油价格的 50%~70%,与此相比,中国的天然气价格与国际油价的波动联系不大,其价格仅为原油价

表 2.8　中国天然气价格改革历程

文件名称	发布文号	发布单位	发布时间	定价方式
《关于天然气商品量管理暂行办法》	计燃〔1987〕2001号	国家计划委员会，国家经济委员会，财政部、石油工业部	1987-12-27	中央政府定价，政府指导价、协议价
《关于改革天然气出厂价格形成机制及近期适当提高天然气出厂价格的通知》	发改价格〔2005〕2756号	国家发改委	2005-12-23	价格双轨制下的政府指导价
《关于提高国产陆上天然气出厂基准价格的通知》	发改电〔2010〕211号	国家发改委	2010-05-31	取消价格双轨制，实行政府指导价
《关于在广东省、广西壮族自治区开展天然气价格形成机制改革试点的通知》	发改价格〔2011〕3033号	国家发改委	2011-12-26	成本加成定价改为市场净回值定价
《关于调整天然气价格的通知》	发改价格〔2013〕1246号	国家发改委	2013-06-28	开始划分一省一价，并区分存量气、增量气，门站价实行基于市场净回值的政府指导价
《关于调整非居民用存量天然气价格的通知》	发改价格〔2014〕1835号	国家发改委	2014-08-10	存增量气门站价上调0.4元/米^3，门站价实行基于市场净回值的政府指导价
《关于理顺非居民用天然气价格的通知》	发改价格〔2015〕351号	国家发改委	2015-04-01	实现存量气和增量气价格并轨；试点放开直供用户用气门站价格；居民用气门站价暂不做调整

格的 22%～49%。2011 年,国家发改委将广东、广西作为试点,采用天然气净回值定价方法,即将天然气的销售价格与燃料油和 LPG 这两种替代能源的价格相挂钩,而燃料油和 LPG 的价格由市场竞争决定,这种定价方法一定程度上促进了天然气价格的市场化。

(3)中国管道天然气定价方法单一,管输价格不合理。中国管道天然气的价格定价方法相对单一,管输价格不合理,具体体现在四个方面:第一,中国还没有制定关于管道运输价格的专门法律法规,这造成管道天然气定价缺乏法律依据。第二,尚未形成天然气管道运费及科学定价机制。中国按照"老线老价、新线新价"的原则确定管道天然气的价格。原有的老管道的运费由原油管道运价来决定,而原油可以利用铁路运输,管道运价可以用铁路运价来替代;但是,天然气不可能通过铁路运输,二者之间没有可替代性,因此,根据铁路运价制定天然气的管道运价是不合理的。新建设的管道按照"新线新价、一线一价"的原则进行定价。目前,中国的天然气出厂价格是按用户实行的分类定价,而天然气管道运价按照一线一价的方式定价未能考虑不同类型用户的成本结构,采取统一的费率是不合理的。同时,目前中国管道天然气也未形成科学合理的定价机制,定价的原则、定价程序都有待完善。第三,管道运输费用偏低,使得管道建设一直处于亏损状态,无法弥补成本,尤其是老管道的运输费用,一直处于较低的水平。第四,中国缺乏对管道运费的动态管理和调控机制,使得天然气管道运费费率无法根据市场情况进行改变[47]。

(4)接驳费偏高,管网配气成本分配不合理。终端配气价格在中国天然气价格中占到较高的比例,为了尽快回收成本,配气公司通常向用户收取接驳费。接驳费的收取在城市燃气发展初期,对城市燃气管网设施的建设发挥了积极的作用,但随着天然气市场的不断发展,接驳费的存在明显降低了用户的消费积极性。

天然气终端用户分为民用、商用、工业用气和发电用气等。一般来说,某些大型的终端用户大多有广泛的可替代能源的来源,需求弹性大,因此其用气价格应该较低;而民用天然气则没有上述条件,需要支付配气费用,其配气成本是较高的,价格理应较高。从这一角度看,配气成本的分配不够合理。相比之下,中国民用气的价格一般控制得较低,而工业用户和发电用户的价格反而较高。2013 年,国家发改委将净回值定价方法在全国进行推广,并提出要区分存量气和增量气,增量气的价格一步到位,调整到与可替代能源保持合理比价的水平,而存量气的价格调整分步进行,力争在"十二五"末完成。2015年4月1日起,国家发改委将天然气存量气与增量气进行价格并轨,同时试点放开直供用户用气价格[48]。从以上分析可以看出,目前中国天然气各个环节的定价过程中,国家以及地方各级政府仍然处于主导地位,天然气定价缺乏市场化运作,实际价格采用的是成本加成的方法,同时考虑用户承受能力。

(5)进口气定价机制不完善,气价出现倒挂。中国天然气需求不断增加,自2000年以来,天然气的平均增长速度为16%左右,不断增长的需求量使得中国天然气的对外依存度不断上升,2013年天然气对外依存度达到31.5%。为了保证天然气的进口,提高企业进口天然气的积极性,中国政府采用上调国内天然气价格的政策。2016年中国天然气对外依存度进一步扩大,LNG净进口量为354.21亿立方米,进口管道天然气361.45亿立方米,对外依存度达到34.3%。据BHI统计,截至2017年底,中国(不含港澳台)已建成LNG接收站20座,LNG接收站总能力为6540万吨/年,预计到2025年达到400亿立方米[49]。

2.3.4 监管体系尚不健全

目前,中国能源监管机构多头,难以统筹协调,产业监管体制效率低下;中国尚未建立健全综合性的天然气法律法规,政府监管缺乏明确的法律基础;政府侧重于在天然气勘探方向、LNG项目布局、管道走向等方面引导天然气产业发展,在下游的市场开发方面缺乏有利于天然气产业快速发展的政策措施;中国天然气产业的对外开放政策尚不完善,现阶段需要尽快修正中国上游对外合作的"产品分成合同"制度中的财税条款,天然气下游领域对外开放政策也需尽快加以完善[50]。

2.4 中国天然气可替代能源发展现状

2.4.1 中国煤炭产业发展现状分析

与天然气相比,中国煤炭资源丰富,截至2014年底,中国探明煤炭储量为1.53万亿吨,与此同时,新增煤炭储量不断增加。2014年,中国新发现煤炭大中型矿产地达43处,增加煤炭资源储量536.2亿吨[51]。中国煤炭资源丰富,加之勘探开发成本较低,使得中国成为煤炭生产和消费大国,2014年煤炭生产总量为38.7亿吨,同比下降2.5%。产量下降的主要原因在于煤炭行业产能过剩,需求不济,库存高企,煤炭价格持续下跌。受经济下滑的影响,主要的耗煤产品产量增长速度放缓;同时由于中国政府强调低碳经济,重视节能减排工作,2014年煤炭消费出现负增长,全国的原煤消费量为35.1亿吨,比2013年下降2.9%。其中,重点发电企业的煤耗量为12.4亿吨,比2013年下降2.9%。尽管中国煤炭消费需求量呈现下降的趋势,但是从能源消费结构来看,煤炭在一次能源消费结构中仍然居高不下(图2.7),煤炭依然是中国最主要的能源。总之,进入21世纪以来,虽然中国天然气产业取得了突破性的进展,但受成本、资源、价格及天然气基础设施等方面的制约,目前仍难以与煤炭抗衡。

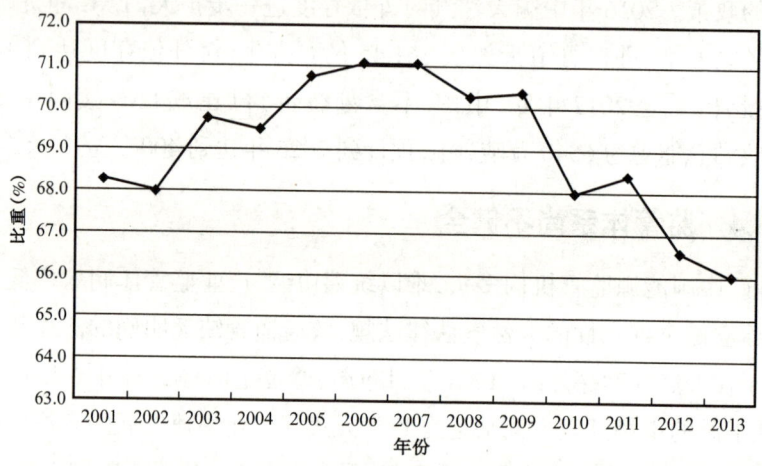

图2.7 2001—2013年煤炭占一次能源消费量的比重
数据来源:国家统计局

2.4.2 中国石油工业发展现状分析

随着中国技术的进步,石油勘探开发不断取得新进展,根据《BP世界能源统计年鉴2015》,2014年中国石油探明储量185亿桶。自21世纪以来,石油产量和表观消费量持续增长(图2.8),2013年中国石油需求增长放缓,使得石油产量的增长也呈现放缓的趋势,2013年石油表观消费量为5.14亿吨,较2012年增长2.8%;原油产量为2.08亿吨,同比增长1.7%,供需矛盾突出,使得中国原油对外依存度较高。石油在中国一次能源消费结构中的比重一直徘徊在20%

左右,但石油对中国经济贡献率的递增速度远高于煤炭[52]。尽管天然气与汽油、柴油及 LPG 相比价格优势明显,环保效益显著,天然气替代石油具有巨大的发展空间,然而,中国天然气管网等基础设施建设尚不完善,天然气替代石油其接口费用也较高,许多消费者习惯于利用石油作为燃料。此外,LNG 难以运输及运输成本高等一系列问题将导致中国经济发展对石油的依赖程度逐年攀升。

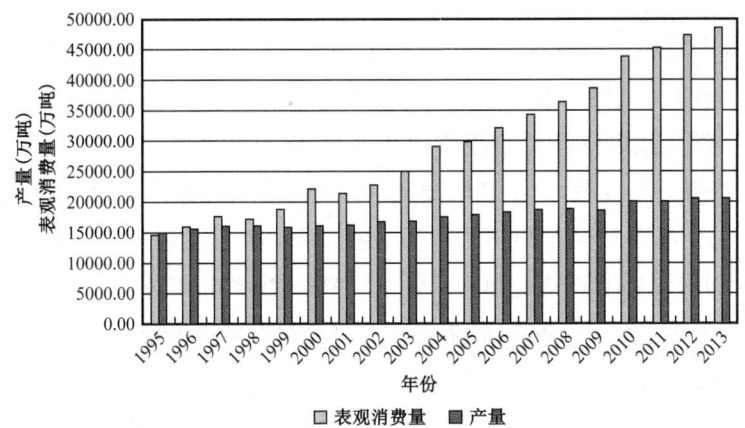

图 2.8　1995—2013 年中国石油产量和表观消费量
数据来源:中国产业信息网

2.4.3　中国新能源发展现状分析

(1)核能进入批量建设阶段。核能作为一种经济成本低、发电稳定性高的清洁能源,长期以来备受各国重视。中国早在 20 世纪 70 年代就开始致力于核能的发展,目前相关技术已基本成熟,进入批量建设阶段。根据国家电力监管委员会的统计数据,截至 2014 年底,中国投入商业运行的核电机组共 22 台,总装机容量达到 20305.58 兆瓦。2014 年,目前世界最大的核电建设项目——广东阳江核电站 1 号机组正式投入商业运行。

(2)风能资源丰富。中国位于亚欧大陆的东部,濒临太平洋,强烈的海陆差异,在中国形成世界上最大的季风区,加上中国国土面积辽阔,陆疆总长达 2 万多千米,海岸线 18000 多千米,边缘海中岛屿达 5000 多个,风能资源丰富。中国风能总量从理论上来说可达到 32.126 亿千瓦,实际可开采量达 2.53 亿千瓦。在各项政策法规的支持下,中国风能产业迅速发展,根据国家电网的统计数据,2011 年 706 亿千瓦时的风电电量被国家电网公司成功消纳。2014 年,中国风电产业仍然保持较好的增长势头。据统计,截至2014年,中国安装风电机组达76241台,装机容量为114609兆瓦。其中,2014年新增安装风电机组13121台,新增装机容量23196兆瓦[53],这为中国风能资源的开发和利用提供了有力的保障。

(3)太阳能资源前景广阔。中国太阳能理论储量每年达17000亿吨标准煤,资源非常丰富,开发利用潜力广阔。在太阳能热利用方面,中国已形成完整的产业体系,市场成熟度、核心技术等都处于世界领先水平。当前,中国太阳能产业规模、太阳能热水器消费量及产量均位居世界首位。自21世纪以来,在"送电到乡"工程及"光明工程"先导项目的推动下,中国光伏发电产业发展迅速。2007年,中国光伏电池产量首超德国和日本,位居世界第一。2014年,中国光伏产业进一步稳定发展,全年光伏发电累计并网装机容量达2805万千瓦,同比增长60%,其中光伏电站2338万千瓦,分布式467万千瓦。光伏年发电量约250亿千瓦时,同比增长超过200%[54]。《中华人民共和国可再生能源法》的颁布和实施,西部大开发战略的贯彻落实及政府对可再生能源的大力支持,将进一步推动中国太阳能产业的快速发展。

中国煤炭资源丰富,价格较低,煤炭在中国一次能源消费结构中的比重维持在70%左右,煤炭仍是中国最主要的能源;石油在中国一次能源消费结构中的比重徘徊在20%左右,许多用户对石油仍具有一定依赖性;中国风能及太阳能资源丰富,随着西部大开发战略的贯彻落实及政府对新能源和可再生能源的大力支持,中国核能及可再生能源发展迅速。煤炭、石油、核能及其他可再生能源一定程度上将抢占部分天然气市场,制约天然气产业发展。

2.5 小结

从世界天然气发展格局来说,天然气储量产量迅速增加,天然气消费量高速增长,供需矛盾不断加剧,LNG迅速发展,天然气贸易呈现全球化特点。中国天然气储量丰富,产量大幅增加,资源分布广泛,进口天然气数量增长;天然气消费需求量迅速增加,消费市场区域范围不断扩大,东部沿海地区天然气需求量增长迅速,消费结构不断优化。中国天然气产业仍然存在一些问题:供需缺口不断扩大,基础设施建设有待加强,天然气定价机制不完善,监管体系不健全。煤炭、石油、核能及其他可再生能源一定程度上将抢占部分天然气市场,制约天然气产业发展。

第3章 低碳经济下中国天然气供需市场预测

随着中国社会经济的不断发展,勘探开发技术的不断提高,中国天然气市场的供需状况将呈现新的特点。因此,分析影响中国天然气供给及需求的影响因素,对中国天然气市的供需情况进行预测是十分必要的。

3.1 中国天然气供给量预测

3.1.1 影响中国天然气供给因素分析

影响中国天然气供给的因素较多,主要包括天然气资源状况、勘探开发的技术水平及勘探开发的投入3个方面[55]。

3.1.1.1 天然气资源状况

从第2章的分析中可以看出,在天然气资源方面,中国储量丰富,分布相对集中,资源探明程度低,勘探开发潜力较大。中国天然气资源主要集中分布在西部区、中部区以及海域区,三大产区的天然气可采资源量合计占全国的比例高达86.61%[56]。其中,西部区是目前中国天然气资源最丰富、探明储量最高的地区,可采资源量达到7.46万亿立方米,主要分布在塔里木盆地、吐哈盆地、柴达木盆地和准噶尔盆地,四大盆地累计探明可采储量为0.85万亿立方米,资源探明程度为11.44%;中部区的可采资源量达到6.37万亿立方米,主要分布在鄂尔多斯盆地和四川盆地,两大盆地累计探明储量为2.1万亿立方米,资源探明程度为33.13%;海域区的可采资源量为5.25万亿立方米,主要分布在东海陆架、渤海湾盆地、北部湾盆地、琼东南盆地、莺歌海盆地以及珠江口盆地,累计探明储量为0.31万亿立方米,资源探明程度为5.84%。从分析的数据结果可见,中国天然气三大产区资源探明程度最高的中部区只有30%左右,而海域区的探明程度还不及6%。因此,无论对于内陆还是近海,中国都还有广阔的天然气资源有待勘探开发。

3.1.1.2 勘探开发的技术水平以及勘探开发投入

在天然气技术以及勘探开发投入方面,经过几代人的不懈努力,根据中国的地质构造结构特点逐步建立了一些具有自己特色的理论体系,形成了综合配套的油气勘探开发技术系列,包括断陷盆地复式油气聚集带理论、煤成气理论等。这些理论体系的建立在很大程度上推动了中国天然气产业的发展,使得中国在油气勘探开发方面不断取得举世瞩目的成就。然而,现阶段在天然气勘探开发上依然存在较大难度,主要表现在:

第一,中西部的勘探对象以地层以及岩性等隐蔽油气藏为主,盆地烃源岩发育层位多,地质条件、演化过程及油气成藏规律复杂,各盆地演化程度差别较大,天然气开采难度大、采收率低,勘探具有长期性和复杂性。

第二,随着天然气勘探开发向海相碳酸盐岩领域的逐渐扩大,原有的陆上天然气勘探开发理论已经不能完全满足新形势的需要。海洋天然气的勘探开发对于科技与资本投入具有很高的要求,既要面临复杂的水文和海洋气象情况,又要面临复杂的海洋地质构造,并且时常伴随着高风险。因此,当前迫切需要建立一套全新的海相油气地质理论体系和配套技术系列,以指导中国海上天然气勘探开发实践,不断推动中国天然气勘探开发取得新的突破。

3.1.2 中国天然气短期供给量预测

中国天然气的供给量由天然气生产量以及进口量决定。进口量由管道天然气和LNG两部分组成,主要是通过和各气源国签订出口合同取得。在此通过评价国内产量以及需求量之间缺口,本文的供给预测仅针对国内生产量。

从前面的分析中可以看出,中国天然气的供给量连年上升且这种不断上升趋势的变化比例大致相同。因此,可以根据2006—2014年国内天然气生产量(图3.1)应用拟合直线方程法对中国天然气2015—2019年的国内生产量进行预测。

运用正负对称编号法,令 $x_t = t - \dfrac{n+1}{2}$,由于 $n=9$,因此 $x_t = t-5$。

由此可知,x_t 的取值依次为 $x_1=-4$,$x_2=-3$,$x_3=-2$,$x_4=-1$,$x_5=0$,$x_6=-4$,$x_7=-3$,$x_8=-2$,$x_9=-1$。

列表计算见表3.1:

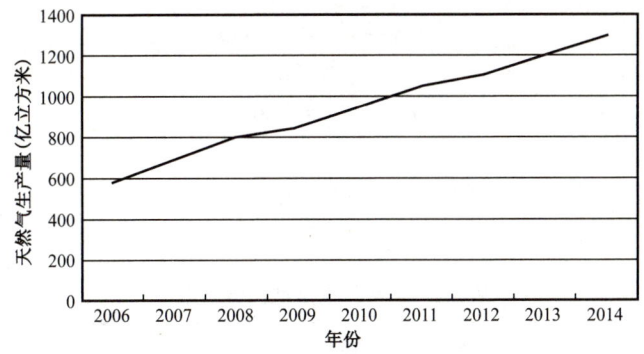

图 3.1　2006—2014 年国内天然气生产量
数据来源：国家统计局

表 3.1　2006—2014 年中国天然气国内生产量计算表

年份	国内天然气总生产量（亿立方米）	x_t	x_t^2	$x_t y_t$
2006	586	−4	16	−2344
2007	692	−3	9	−2076
2008	803	−2	4	−1606
2009	853	−1	1	−853
2010	958	0	0	0
2011	1053	1	1	1053
2012	1106	2	4	2212
2013	1209	3	9	3627
2014	1302	4	16	5208
Σ	8562	0	60	5221

将 $\sum_{t=1}^{n} y_t = 8562$，$\sum_{t=1}^{n} x_t^2 = 60$，$\sum_{t=1}^{n} x_t y_t = 5221$ 代入 $a = \dfrac{1}{n}\sum_{t=1}^{n} y_t = \overline{y}$ 和 $b = \dfrac{\sum_{t=1}^{n} x_t y_t}{\sum_{t=1}^{n} x_t^2}$ 中，求出和的值。

$$a = \frac{8562}{9} = 951.333 \quad (3.1)$$

$$b = \frac{5521}{60} = 87.017 \quad (3.2)$$

拟合直线方程为：$\hat{y}_t = 851.333 + 87.017 x_t$

得到各时刻的预测值，见表 3.2。

表 3.2　趋势外推模型拟合结果

年份	序号	实际值	预测值	残差	相对误差（%）
2006	1	586	603	−17	2.95
2007	2	692	690	2	0.25
2008	3	803	777	26	3.20
2009	4	852	864	−11	1.33
2010	5	968	951	7	0.70
2011	6	1025	1038	15	1.39
2012	7	1067	1125	−19	1.75
2013	8	1197	1212	−3	0.28
2014	9	1329	1299	3	0.20

对模型进行精度检验，模拟序列：

$$\begin{aligned}\hat{X} &= [\hat{x}(1), \hat{x}(2), \hat{x}(3), \hat{x}(4), \hat{x}(5), \hat{x}(6), \hat{x}(7), \hat{x}(8), \hat{x}(9)] \\ &= (603, 690, 777, 864, 951, 1038, 1125, 1212, 1299)\end{aligned} \quad (3.3)$$

残差序列：

$$\begin{aligned}\varepsilon^{(0)} &= [\varepsilon^{(0)}(1), \varepsilon^{(0)}(2), \varepsilon^{(0)}(3), \varepsilon^{(0)}(4), \varepsilon^{(0)}(5), \varepsilon^{(0)}(6), \varepsilon^{(0)}(7), \varepsilon^{(0)}(8), \varepsilon^{(0)}(9)] \\ &= (-17, 2, 26, -11, 7, 15, -19, -3, 3)\end{aligned} \quad (3.4)$$

相对误差序列：

$$= (0.029, 0.0025, 0.0320, 0.0133, 0.0070, 0.0139, 0.0175, 0.0028, 0.0020) \quad (3.5)$$

平均相对误差：

$$\bar{\Delta} = \frac{1}{9}\sum_{k=1}^{9} \Delta_k = 0.001338 < 0.05 \quad (3.6)$$

计算均方差比 C：

$$\bar{x} = \frac{1}{9}\sum_{k=1}^{9} x^{(0)}(k) = 951.333 \quad (3.7)$$

$$S_1^2 = \frac{1}{9}\sum_{k=1}^{9} [x^{(0)}(k) - \bar{x}]^2 = 50479.34 \quad (3.8)$$

$S_1 = 224.676, \bar{\varepsilon} = 0,$

$$S_2^2 = \frac{1}{9}\sum_{k=1}^{9} [x_{(k)}^{(0)} - \bar{\varepsilon}]^2 = 193.554 \quad (3.9)$$

$S_2 = 13.912$

因此

$$C = \frac{S_2}{S_1} = \frac{25.516}{223.256} = 0.0619 < 0.35 \quad (3.10)$$

均方差比值为一级。

计算小误差概率：

$$0.6745 S_1 = 151.544 \quad (3.11)$$

$|\varepsilon(1) - \bar{\varepsilon}| = 17, |\varepsilon(2) - \bar{\varepsilon}| = 2, |\varepsilon(3) - \bar{\varepsilon}| = 26, |\varepsilon(4) - \bar{\varepsilon}| = 11, |\varepsilon(5) - \bar{\varepsilon}| = 7,$
$|\varepsilon(6) - \bar{\varepsilon}| = 15, |\varepsilon(7) - \bar{\varepsilon}| = 19, |\varepsilon(8) - \bar{\varepsilon}| = 3, |\varepsilon(9) - \bar{\varepsilon}| = 3 \quad (3.12)$

因此

$$p = P(|\varepsilon(k) - \bar{\varepsilon}| < 0.6745 S_1) = 1 > 0.95 \quad (3.13)$$

小误差概率为一级。

该模型的均方差比值 C 与小误差概率均达到了一级，预测的平均相对误差为 1.34%，预测精度为 98.66%，预测结果具有较高的可信度。因此，可以应用该模型预测中国 2018—2020 年国内天然气生产量。

2018 年中国天然气的国内生产量：

$$\hat{y}_t = 951.333 + 87.017 \times 8 = 1647（亿立方米）\quad (3.14)$$

2019 年中国天然气的国内生产量：

$$\hat{y}_t = 951.333 + 87.017 \times 9 = 1734（亿立方米）\tag{3.15}$$

2020 年中国天然气的国内生产量：

$$\hat{y}_t = 951.333 + 87.017 \times 10 = 1821（亿立方米）\tag{3.16}$$

3.1.3 中国天然气长期供给量预测

根据中国天然气产量近似线性增长的特点以及对上述所选趋势外推预测模型预测结果精度的检验可知，应用趋势外推法可以得到较好的拟合曲线。因此，继续应用上述拟合曲线对中国 2021 年的天然气产量进行预测。

2021 年中国天然气的国内生产量：

$$\hat{y}_t = 946.556 + 86.467 \times 11 = 1898（亿立方米）\tag{3.17}$$

表面上看，对于年产量这个数据指标，应用趋势外推法可以取得令人满意的预测精度。但是，天然气作为一种非可再生资源，其产量的增加不可能是无限的。因此，要想对中国天然气产量供给做出较为准确的预测，在模型构建与选取上应结合天然气产量峰值这一指标。本书采用高斯曲线模型对天然气产量峰值进行测算，其中所使用数据来源于对 BP 能源数据的整理，剩余可采储量采用 BP 2014 年的统计数据。

第一步：建立高斯曲线模型。

$$f = -\frac{dQ}{dt} = \left(\frac{Q_\infty}{\sqrt{2\pi}S}\right)\exp\left[-\frac{(t-t_{\max})^2}{2S^2}\right]\tag{3.18}$$

第二步：将表 3.3 中数据输入系统，利用最小二乘法拟合目标函数。

$$\text{Error} = \min\frac{1}{N}\sum_{i=1}^{N}w_i(f_i-y_i)^2\tag{3.19}$$

表 3.3 1995—2013 年中国天然气产量

年份	1995	1996	1997	1998	1999
产量(亿立方米)	170	201	212	223	244
年份	2000	2001	2002	2003	2004
产量(亿立方米)	262	294	326	341	408

续表

年份	2005	2006	2007	2008	2009
产量(亿立方米)	500	586	692	803	852
年份	2010	2011	2012	2013	
产量(亿立方米)	968	1025	1067	1197	

注：2013年底，探明储量为33000亿立方米。

取定权值 $w_i=1$，$t=[2013,2050]$，搜索步长为1（年份为整数），$S=[6,20]$，搜索步长为0.01，利用上式计算误差，如图3.2所示：

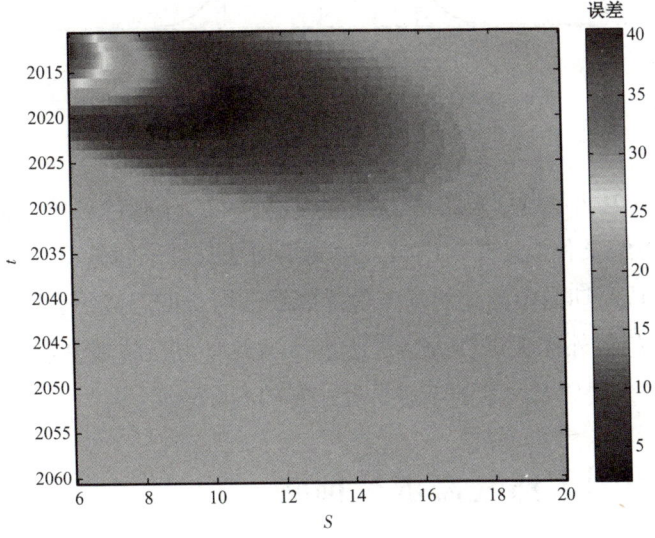

图3.2 曲线拟合误差

取得极小点的 t 与 S 值，$t=2020$，$S=10.05$，因此，预测天然年产量峰值将会出现在2020年，产量为：

$$Q(2020) = \frac{Q_\infty}{\sqrt{2\pi}S} = 1567（亿立方米）\tag{3.20}$$

使用Gaussian模型对表3.3中数据进行拟合的结果如图3.3所示：

从上述计算公式来看，天然气产量峰值年份与资源探明可采储量同向增长，即随着探明可采储量的增加，产量峰值年份向后递延且产量增加。如果以年均新增探明可采储量3000亿立方米计算，当可采储量达到3.6万亿立方米时，

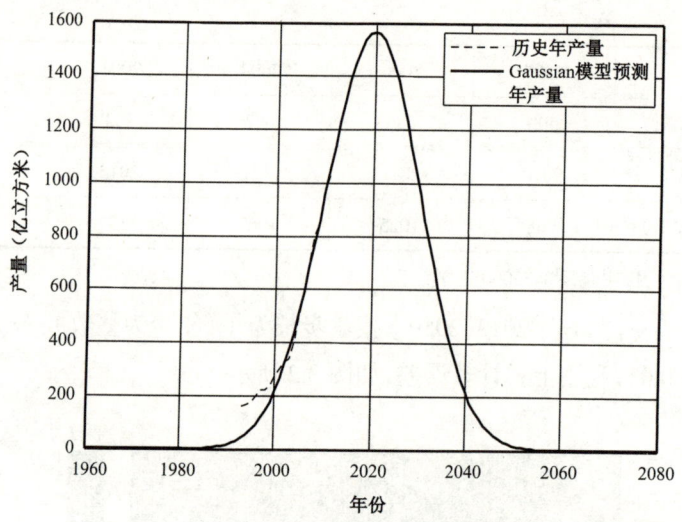

图 3.3 中国天然气预测年产量与历史年产量曲线

峰值年份为 2021 年;当可采储量达到 3.9 万亿立方米时,峰值年份为 2022 年。基于上述测算结果和最近几年中国天然气年均探明可采储量不断增加的趋势,可以认定,一段时期内中国天然气产量近似线性增长的趋势不会发生改变。由此说明,采用趋势外推法进行天然气产量预测具有很强的理论依据,预测的结果对于产业的发展以及政策的制定具有一定的实际意义。

3.2 中国天然气需求量预测

3.2.1 研究设计

3.2.1.1 因素选取和情景假设

国内外关于天然气需求影响因素的分析较多,例如,Kani 等建立的回归模型结果显示,天然气需求受国内生产总值、天然气价格的影响[57];Heidari 等的研究结果显示,天然气需求受国内生产总值、人口数量、天然气价格的影响[58];Yihua Yu 等的研究给出天然气需求受天然气价格、替代能源价格的影响[59];BinBin Jiang 等的分析显示,天然气需求受天然气价格、替代能源价格及能源发展目标的影响[60]。由此,天然气需求的主要影响因素有国内生产总值、人口数量、天然气价格、替代能源价格、能源发展目标等。其中,国内生产总值和人口数量对天然气需求影响的显著性水平最高,对天然气需求具有重要作用;而天然气价格及替代能源价格不是由市场供需调节确定,无法进行预测,两个因素的可预测性较差;研究的目的则是考察低碳目标对天然气需求的影响,以能源发展目标为变量进行衡量。因此,选取国内生产总值、人口数量和能源约束政策作为变量分析天然气需求量。

为了体现节能减排的能源发展目标对中国未来天然气需求的影响,设定3种情景模式对天然气的需求进行分析:基准情景,即主要考虑经济发展以及人口增长对天然气需求的影响;承诺低碳情景,结合中国政府提出的节能减排的承诺,分析影响天然气需求的经济发展、人口增长以及碳排放控制等因素;强化低碳情景,低碳经济下中国将不断转变能源结构,提高能源利用率,进一步转变能源利用方式,因此,强化低碳情景下,中国天然气需要考虑经济发展、人口增长以及节能减排的要求。

3.2.1.2 数据说明和预测方法

根据因素选取及情景假设,国内生产总值、人口数量、节能减排的原始数据区间为2003—2013年,数据来自国家统计局[61],而2014年的数据则来自东方财富网2015年1月20日的报道[62]。其中,节能减排政策的量化指标使用单位GDP能耗和单位GDP碳排放来表示,单位GDP能耗=一次能源消费量/GDP,第i种一次能源碳排放量=i种一次能源消费量×碳排放系数,一次能源主要包括煤炭、石油、天然气及核电、水电、风电等,国家发改委能源研究所计算的各能源碳排放系数分别为0.7476,0.5825,0.4435和0[63]。

国家未来国内生产总值、人口数量以及能源状况采用如下方法进行预测:

(1)国内生产总值。中共十八大明确提出经济发展目标,即到2020年,实现全面建成小康社会宏伟目标,经济新常态下,中国GDP的年增长率在7%左右,以此计算得出2050年的GDP。

(2)人口数量。中国人口常用的经验模型基本形式[64]为:

$$N_t = N_{t_0} e^{k(t-t_0)} \tag{3.21}$$

式中,N_t为t年的人口总数;N_{t_0}为$t=t_0$年时预测起始年的人口基数;k为人口自然增长率;e为自然对数的底。

自 2003 年以来，中国人口呈现较为稳定的增长趋势，因此，以 2003—2014 年的平均自然增长率 k=5.2‰作为预测以后中国人口总数的自然增长率，以 2014 年的人口总数预测基年，即 N_{t_0}=13.68 亿人，由此可计算得到 2015—2050 年中国的总人口数。

（3）能源发展目标。根据中国政府提出的低碳经济发展目标，到 2050 年中国低碳经济的发展目标为单位 GDP 能耗比 2005 年降低 40%～60%，单位 GDP 的二氧化碳排放降低 50% 左右[65]，取 2050 年的单位 GDP 能耗比 2005 年降低 60%，单位 GDP 的二氧化碳排放降低 50%，可得出至 2050 年的单位 GDP 碳排放量和单位 GDP 的能耗。

根据中国 GDP、人口数量以及能源发展目标三个方面的影响因素，利用回归预测分析方法，分析不同情景模式下，中国低碳经济对未来天然气需求的影响，预测天然气需求量。

3.2.2 模型情景适用性分析

3.2.2.1 基准情景

设天然气需求量为 y，GDP 为 x_1，人口数量为 x_2，运用 SPSS 软件处理 2003—2014 年的数据，拟合线性方程为：

$$y=377.479x_1+55.358x_2 \tag{3.22}$$

线性方程的拟合结果显示，调整后的拟合度 R^2=99.919%，GDP 和人口数量的 t 检验所对应的 P 值分别为 0 和 0.039，方程整体对应的 F 值为 6186.082，方程的各参数及方程整体都能够符合显著性检验的条件，而且方程的拟合效果较好，因此可以运用该模型对中国未来的天然气需求进行基准情景的预测。

3.2.2.2 承诺低碳情景

为消除所选变量共线性对回归结果的影响，运用 SPSS 软件使用岭回归方法对数据进行拟合，设 GDP 为 x_1，人口数量为 x_2，单位 GDP 碳排放量为 x_3，对各变量进行对数处理以消除各变量的异方差性。由岭路径图（图 3.4）可以看到，当 K 值小于 0.5 时，各参数均在稳定的范围内变动，取 K=0.5 时，对应的 R^2 值为 0.971。

拟合的岭回归方程为：

$$\ln y = 0.751\ln x_1 + 0.205\ln x_2 + 0.007\ln x_3 \qquad (3.23)$$

线性方程的拟合结果显示，GDP、人口数量和单位GDP碳排放量的t检验所对应的P值均接近于0，方程整体对应的F值为44.105，方程的各参数及方程整体都能够通过显著性检验，且方程的拟合效果较好，因此可以运用该模型对中国未来的天然气需求进行承诺低碳情景的预测。

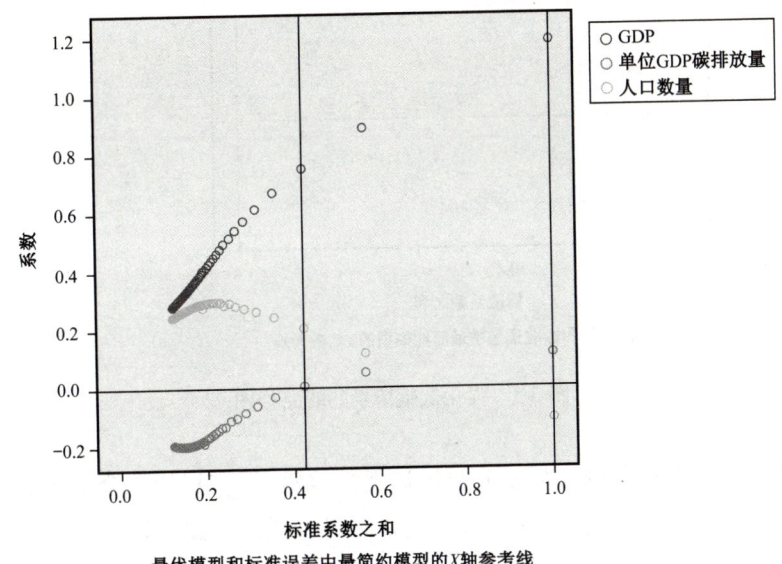

图3.4 承诺低碳情景的岭路径图

3.2.2.3 强化低碳情景

同样，为消除所选变量共线性对回归结果的影响，运用SPSS软件使用岭回归方法对数据进行拟合，设GDP为x_1，人口数量为x_2，单位GDP碳排放量为x_3，单位GDP能耗为x_4，对各变量进行对数处理以消除各变量的异方差性。由岭路径图（图3.5）可以看到，当K值在0.06附近时，各参数均在稳定的范围内变动，取$K=0.062$时，对应的R^2值为0.967。

拟合的岭回归方程为：

$$\ln y = 0.538\ln x_1 + 0.208\ln x_2 + 0.028\ln x_3 - 0.222\ln x_4 \qquad (3.24)$$

线性方程的拟合结果显示，GDP、人口数量、单位GDP碳排放量和单位GDP能耗的t检验所对应的P值均接近于0，方程整体对应的F值为24.883，

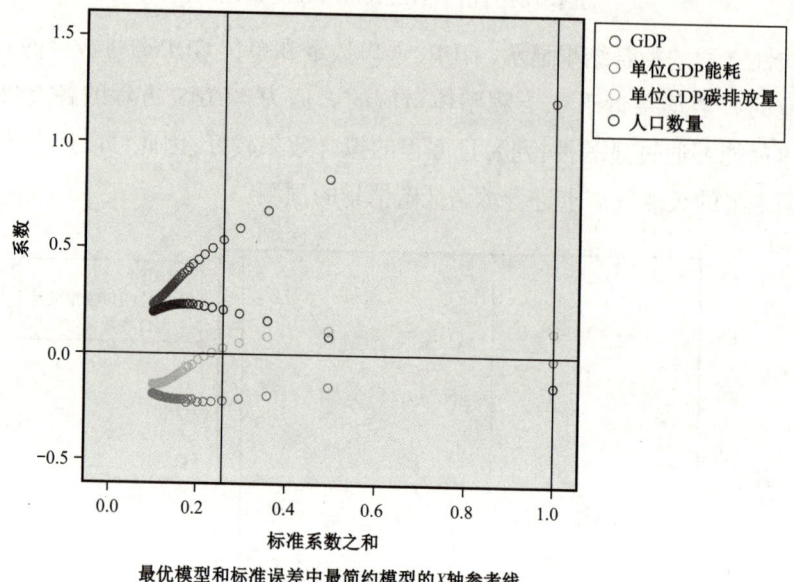

图 3.5　强化低碳情景的岭路径图

方程的各参数及方程整体都能够通过显著性检验,且方程的拟合效果较好,因此可以运用该模型对中国未来的天然气需求进行强化低碳情景的预测。

3.2.2.4　各情境下拟合结果的比较

在基准情景、承诺低碳情景与强化低碳情景的条件下,各个模型的回归结果都是显著的,即3种情景的假定均能够解释天然气需求,3种情景下,中国的天然气需求均与国内生产总值、人口数量呈正相关关系。基准情景下,国内生产总值对天然气需求量的影响程度显著大于人口数量对天然气需求量的影响;承诺低碳情景及强化低碳情景下,国内生产总值与人口数量对天然气需求量的影响程度相近,均呈正相关关系。单位GDP碳排放量以及单位GDP能耗对天然气需求量具有负向影响,两者对天然气需求量的影响程度与国内生产总值及人口数量的影响程度相近;单位GDP碳排放量因素的加入显著弱化了国内生产总值对天然气需求量的影响程度,使得国内生产总值及人口数量的作用效果相当;天然气需求与单位GDP碳排放、单位GDP能耗呈负相关关系,碳排放量的降低及能源利用效率的提高体现在天然气需求量的增长上。

3.2.3 需求预测及分析

根据所确定的方法预测 GDP、人口数量、单位 GDP 碳排放和单位 GDP 能耗,并将各预测值应用于各情景中,得到 2018—2050 年中国天然气需求量数据,2020 年以后仅列出每 5 年的数据,预测数据见表 3.4。

表 3.4　2018—2050 年情景变量预测及天然气需求预测

年份	天然气需求预测(亿立方米)			年份	天然气需求预测(亿立方米)		
	基准情景	承诺低碳情景	强化低碳情景		基准情景	承诺低碳情景	强化低碳情景
2018	2039.203	2088.267	2191.566	2035	7717.641	8133.834	8629.825
2019	2207.336	2268.562	2371.127	2040	11371.524	12081.479	12769.088
2020	2389.179	2464.435	2569.931	2045	16741.112	17892.161	18849.623
2025	3539.886	3623.627	3921.377	2050	24631.655	26431.154	27807.116
2030	5231.424	5448.916	5813.899				

对表 3.4 中不同情景下中国天然气需求预测结果进行比较后可知,在经济正常发展、人口正常增长的前提下,无能源约束时 2050 年中国的天然气需求量为 24631.655 亿立方米,有碳排放量约束时 2050 年中国的天然气需求量为 26431.154 亿立方米,碳排放量与能源利用效率同时约束时 2050 年中国的天然气需求量为 27807.116 亿立方米。

对不同情景的 2018—2050 年中国天然气需求量数值综合分析可以得到以下结果:

(1)碳排放量降低目标的确定能够增加天然气的需求。将 2018—2050 年基准情景与承诺低碳情景的中国天然气需求量数据进行对比,承诺低碳情景的天然气需求量预测数值大于基准情景的天然气需求量预测数值。

(2)能源结构的调整能够显著增加天然气的需求。将 2018—2050 年承诺低碳情景与强化低碳情景的中国天然气需求量数据进行对比,强化低碳情景的天然气需求量预测数据明显大于承诺低碳情景的天然气需求量预测数据。由此可以得到,对能源结构进行调整能够显著增加天然气的需求量,且能源结构的调整作用效果十分明显,在增加天然气需求量上的作用效果非常突出。

(3)能源结构调整的作用效果强于碳排放量目标的作用效果。将 2018—

2050年基准情景、承诺低碳情景和强化低碳情景的中国天然气需求量数据进行综合对比,低碳目标的确立使得天然气需求量有了一定程度的增加,能源结构的调整显著超越了基准情景的天然气需求量。由此可以看出,能源结构的调整在增加天然气需求量上的作用优于碳排放量目标。

综上所述,低碳经济目标对中国未来的天然气需求能够产生深远影响。碳排放量目标的作用强于GDP和人口数量,对中国未来的天然气需求具有显著作用;能源结构调整的目标能够大幅提升中国未来天然气的需求量,并且该目标的作用能够显著超过碳排放量目标的作用。总之,两个目标都对中国未来天然气需求量具有显著影响。

3.3 小结

通过对中国天然气的供给及需求的预测可以得出以下结论:

(1)短期内,中国天然气产量仍然将呈现近似线性增长的趋势,但是由于低碳经济的影响,中国天然气需求量将出现较大幅度的增长,天然气缺口将长期存在。根据表3.4的需求预测结果以及式(3.14)至式(3.16)的供给预测结果,可以得到2018—2020年中国天然气缺口预测量(表3.5)。

表3.5 2018—2020年中国天然气缺口预测

年份	天然气缺口(亿立方米)		
	基准情景	承诺低碳情景	强化低碳情景
2018	392.203	441.267	544.566
2019	473.336	534.562	637.127
2020	568.179	643.435	748.931

从表3.5可以看出,中国天然气缺口将不断增加,以基准情景分析,到2020年中国天然气缺口将达到568亿立方米;如果要实现中国政府提出的低碳经济目标,则缺口将达到643亿立方米;而以强化低碳情景分析,则缺口高达749亿立方米。

(2)从长期来看,天然气产量峰值年份与资源探明可采储量同向增长,即随着探明可采储量的增加,产量峰值年份向后递延且产量增加。如果以年均新增探明可采储量 3000 亿立方米计算,当可采储量达到 3.6 万亿立方米时,峰值年份为 2021 年,当可采储量达到 3.9 万亿立方米时,峰值年份为 2022 年。但在探明储量既定的情况下,中国天然气产量在 2022 年左右将出现下降的趋势。因此,从这个角度来说,中国天然气需要进一步加大勘探开发力度,推迟天然气产量的峰值年份,促进天然气产量的不断增加。

(3)在峰值年份出现之前,随着中国天然气勘探开发的力度不断加大,天然气产量的增加,供需矛盾出现一定的缓解,到 2020 年进口依存度将下降到 29.1%。但是随着低碳经济理念的不断深入,天然气需求将不断增长,而在供给峰值年份之后,天然气产量将出现下降的趋势。因此,从长期来看,中国天然气供需缺口将越来越大,进口依存度将越来越高。

供需预测是中国天然气产业制定发展战略的基础,研究天然气供需前景是制定战略的前提条件。一方面,中国天然气产业的发展战略制定必须要考虑天然气产业的供给能力,同时,要通过战略的实施,不断加大勘探开发力度,完善各种基础设施,以促进中国天然气产业供给能力的提升;另一方面,天然气产业发展战略制定需要以满足市场需求,促进中国低碳经济的发展为目的。从供需预测的结果来看,要满足中国国内对天然气不断增长的消费需求,需要加强常规以及非常规天然气的开发,提高天然气产量;稳定天然气进口,实现天然气气源的多元化。

第4章 低碳经济下中国天然气产业竞争力分析

当前世界一次能源利用正在向着清洁高效迈进,在这个过程中天然气扮演着非常重要的角色,天然气产业在全球范围内正在快速发展。天然气产业具有发展依赖管道运输、企业纵向一体化程度高、沉淀成本较多、成本具有劣加性、范围经济效益明显、产业风险系数较高等特点。随着天然气产业的迅速发展,对天然气产业竞争力的分析有助于中国天然气产业竞争力的提高,进而推动中国能源结构的调整,为中国政府制定天然气产业方面的政策法规提供理论依据,以便为中国天然气产业发展提供良好的政治经济环境。

4.1 天然气产业竞争力影响因素及评价指标体系

4.1.1 天然气产业竞争力的影响因素

天然气作为一种清洁高效的化石能源和最适合联合循环燃气轮机高效发电的能源,在新的低碳技术大规模商业化使用之前,天然气将是中国实施低碳发展首选的能源之一,一国天然气产业的强弱对一国低碳经济的发展有着重要影响。从相关文献资料来看,影响天然气产业竞争力的因素有很多,包括天然气的产量、出口量、剩余可储采量、总资产、总利润、净利润、科技投入、政府宏观调控、经济环境、社会及文化环境等。上述因素通过概括分类,可划分为实力因素、潜力因素和环境因素三类。本书将从以下几方面对影响因素进行重点论述:

(1)生产经营因素。生产经营因素主要指天然气产业的现实运营能力,如天然气的勘探开发能力、天然气管输能力和天然气分销能力等,是国家天然气产业在实际生产经营方面的表现。生产规模是天然气产业发展的前提条件,一国天然气产业的生产营销规模将直接决定一个国家天然气的产量和消费量,其生产经营规模越大,天然气产业的竞争能力越强,随着低碳技术的逐步完善以及区域性管网建设的快速发展,生产营销规模因素将发挥越来越大的作用。

（2）低碳经济环境因素。发展低碳经济的一个基本要求就是节能减排,鉴于天然气清洁、高效、环保的特点,这从整体上增加了国家经济发展对天然气的消耗,推动了天然气产业的发展。低碳经济倡导的低污染、低排放、高效率、高效能都符合天然气资源的天然属性,这对于天然气产业来说是一个发展机遇期,但低碳经济也给中国天然气产业带来了一定挑战。由于中国低碳技术开发较晚,低碳核心技术远未掌握,能源利用效率低,碳捕获、碳封存方面的技术落后,低碳总体实施能力不足。而当前世界低碳环境的压力越来越大,总体社会环境严重左右了天然气产业发展的步伐。

（3）发展潜力因素。发展潜力因素包括天然气储量、天然气剩余可采储量、固定资产投资、科技投入等。资源的拥有量是天然气产业发展的根本,自然资源拥有量对一国天然气产业的发展及竞争力的提升具有非常重要的意义,天然气储量越大,未来发展潜力越好。国家对天然气产业的资产投资和科技投资反映了一个国家对某一产业的重视程度。这些因素都将缓慢影响天然气产业的总体竞争力,同时作用效果相对比较持久。

（4）资金管理因素。资金是保证一个产业正常运转的血液,资金管理要素一般包括总资产、总收入、净利润、人均利润、国际资本流动、资产周转率等。天然气产业具有高成本、高风险、利润回收期长的特点,充足的资金投入是保证天然气产业正常运转的基础,资金投入加大一方面可保证科研技术创新,另一方面也能推动产业流程创新发展,打造天然气产业核心竞争力。一国天然气产业的资金越雄厚、融资能力越强,其整个产业各个环节的竞争力也越强,天然气产业竞争力的提升需要强大的资金做后盾。

（5）技术创新因素。在产业竞争力中,知识吸收和技术创新对一个产业的发展起着关键作用,特别是在当前经济全球化和知识经济趋势下,技术创新有利于提高勘探开发能力,提高生产率,降低成本;有利于形成规模经济,促进生产和市场管理方式的改善,而技术创新可通过增加科研投入和培养高科技人才来实现。随着新勘探天然气地层结果越来越复杂,开发难度越来越大,亟须通过技术创新解决本质难题,新技术的研发使用和科技创新能力是制约未来天然气竞争力提高的重要因素,也是引导未来低碳发展的主要力量。

（6）政治制度因素。政治制度因素是影响天然气产业发展的外部因素,对产业竞争力的形成和提升具有较强的影响力。由于发达国家在市场经济方面的制度比较完善，政府在市场中只起宏观调控作用，而对产业竞争力起的却是协调辅助作用。在发展中国家，市场经济缺乏制度性，加上国家对天然气产业的高垄断性，形成了政府主导产业发展的现状，这严重违背了市场经济规律。目前，中国天然气产业的政治制度还不完善，这虽为间接因素，却可通过对直接因素的影响而作用于天然气产业的实际竞争力。

4.1.2 天然气产业竞争力指标体系构建原则

天然气产业竞争力评价指标体系是评价和分析天然气产业竞争力的依据，由于影响天然气产业竞争力的因素具有广泛性、层次性和系统性等特征，可以从多个角度选取具有代表性的评价指标，使得对天然气产业竞争力的评价是客观和准确的[66]。对天然气产业竞争力评价指标体系的设计遵循以下原则：

（1）科学性原则。指标体系的构建要有一定的科学依据，从众多因素中科学地选取具有代表性的关键因素来设计天然气产业竞争力评价指标体系，从不同的角度反映天然气产业竞争力的整体情况。

（2）系统性原则。要求设计的天然气产业竞争力评价指标体系能够反映天然气产业的基本状态，不仅要考虑天然气产业内部因素的作用，还要考虑到外部环境因素对天然气产业的影响。

（3）可行性原则。指标体系的设计要确保指标所需要的数据能够从官方统计资料和其他正常渠道获得。

（4）针对性原则。要针对性地根据天然气产业的实际情况、基本特点以及所处的政治经济环境来设计竞争力评价指标体系，以求能够凸显当前各国天然气产业在全球天然气市场上的竞争力情况。

（5）动态连续性原则。天然气产业所面临的外部环境和内部环境总是处于发展变化之中，因此评价指标体系必须不断适应天然气产业的新环境，形成一个动态发展、逐渐完善的过程。

4.1.3 天然气产业竞争力评价指标体系构建

鉴于以上分析，本书从生产经营实力、低碳经济发展、发展潜力要素、外部经济环境和管理能力要素五方面来构建低碳经济下天然气产业竞争力的评价指标体系，见表4.1。

表 4.1　评价指标体系

目标层	准则层	指标层
低碳经济下天然气产业竞争力评价指标体系	A 生产经营实力	A1 天然气产量（10亿立方米）
		A2 天然气消费量（10亿立方米）
		A3 人均能源消费量[千克(油)]
		A4 天然气管道长度（万千米）
	B 发展潜力要素	B1 天然气探明储量（万亿立方米）
		B2 储采比(%)
		B3 天然气产量增长率(%)
		B4 天然气消费增长率(%)
		B5 高科技研发比(%)
	C 外部经济环境	C1 人均 GDP（美元）
		C2 GDP 年增长率(%)
		C3 城市人口增长率(%)
		C4 通货膨胀率(%)
		C5 国际贸易增长率(%)
	D 低碳经济发展	D1 CO_2（百万吨）
		D2 CO_2 强度（每千克石油当量能源消费 CO_2 排放量）
		D3 天然气发电比(%)
		D4 可替代和核能消费占比(%)
		D5 核能发电比(%)
	E 管理能力	E1 资本利润率(%)
		E2 利润总额（亿美元）
		E3 利润增长率(%)
		E4 营业收入增长率(%)

（1）生产经营实力。生产经营实力要素反映的是天然气产业发展的现实生产能力和竞争实力，同时也是最直接体现竞争优劣势的主要指标。从相关研究来看，产业的生产经营实力越大，其竞争实力越强。本书选取的体现天然气产

业竞争实力强弱的主要指标包括天然气产量、天然气消费量、人均能源消费量和天然气管道长度。

（2）低碳经济发展。在全球碳排放量日益增加的严峻形势下，实施低碳经济发展是响应国际社会要求的必然选择，也是未来发展的主导方向。目前，西方发达国家在实施低碳经济发展方面具有比较成功的经验，低碳经济发展也将给天然气产业带来新的春天。本书将从 CO_2 排放量、CO_2 强度、天然气发电比、可替代能源和核能消费比、核能发电比 5 方面进行分析。

（3）发展潜力要素。天然气资源的地理分布不均、资源约束性导致天然气产业发展潜力存在差异，天然气产业的发展潜力反映了不同国家天然气产业在未来市场中的持续发展能力。本书选取了以下天然气探明储量、储采比、天然气产量增长率、天然气消费增长率和高科技研发比 5 方面的内容对各国天然气产业的发展潜力进行研究。

（4）外部经济环境。外部经济环境是指能对天然气产业造成影响的外部经济性因素。本书选取人均 GDP、GDP 年增长率、城市人口增长率、通货膨胀率和国际贸易增长率 5 个二级指标来对天然气产业的外部经济环境进行分析。

（5）管理能力要素。管理能力反映了一国天然气产业在企业管理和资金有效使用及获利等方面的能力。本书选取资本利润率、利润总额、利润增长率和营业收入增长率 4 个指标对天然气产业管理能力进行分析。

4.2 天然气产业竞争力评价模型

鉴于天然气产业竞争力的影响因素比较多，在实际评价时无法穷尽，因此只能对具有代表性的重要指标进行测评，其构建的评价指标体系具有一定的"灰色"特性。本书采用灰色关联理论模型的评价方法，由于不同层次中存在多个指标，为了区分每个指标的重要程度，需要进行权重分配，本书采用权变系数理论进行各项指标权重的计算。

4.2.1 权变系数相关理论

权变系数理论是利用群体间数据关系进行各数据权重赋值的方法，与 AHP（层次分析）方法确定权重相比，权变系数法完全以客观数据为计算对象，能克服主观因素的影响，这种加权方法能够突出各指标相对变化程度，权变系数越大,表明该指标在不同对象身上的差异越大,越应得到重视。对于一个有 n 个个体、m 个指标的群体数据而言,其权变系数法计算权重的步骤如下:

(1) 对样本 $Y_{1j}, Y_{2j}, Y_{3j}, \cdots, Y_{nj}$ 求平均值 $\overline{Y_j} = \frac{1}{n}\sum_{i=1}^{n} Y_{ij}$ 和标准差 $S_{Yi} = \sqrt{\frac{1}{n-1}\sum_{i=1}^{n}(Y_{ij} - \overline{Y_j})^2}$。

(2) 利用平均值和标准差求 $Y_{1j}, Y_{2j}, Y_{3j}, \cdots, Y_{nj}$ 的变异系数 $V_{yj} = \overline{Y_j}/S_{Yj}$。

(3) 用 V_j 代表各个体某一个指标的变异系数,此时,$j=1,2,3,\cdots,m$,各指标 Y_j 相应的权重为 $w_j = V_j \Big/ \sum_{j=1}^{m} V_j$。 (4.1)

4.2.2 灰色关联相关理论

灰色关联理论是 1982 年由华中理工大学的邓聚龙教授提出的,该方法经过不断的发展完善,现已成为经济、社会领域的重要研究方法。灰色关联分析是一种系统分析方法,主要用于分析系统中各个因素之间的关联程度以及对系统发展态势进行量化分析[67]。灰色关联方法的基本分析思路是:根据系统历年统计数据,确定各比较指标与对照指标的关联程度,利用关联程度大小来确定比较对象的强弱。灰色关联分析建模的过程主要包括如下 5 个步骤:

(1) 指定参考数列和被参考数列。

为方便计算分析,将指定参考数据列常记为 $\chi_0(k)$,关联分析中被参考数据列记为 $\chi_1(k), \chi_2(k), \chi_3(k), \cdots, \chi_i(k)$,其中 k 代指某一个体或某一时刻,i 代指具体指标。例如,$\chi_0(k)$ 可表示为:$\chi_0(1), \chi_0(2), \chi_0(3), \cdots, \chi_0(k)$。

(2) 原始数据无量纲化。

由于原始数据的量纲不同,因此无法相互比较,在计算前需要先对原始数据进行无量纲化处理。对原始数据进行无量纲化处理有多种方法,本书采用的方法如下:

$$\chi_0'' = \left\{\frac{\chi_0(1)}{\chi_0(1)}, \frac{\chi_0(2)}{\chi_0(1)}, \cdots, \frac{\chi_0(k)}{\chi_0(1)}\right\}$$
$$\chi_1'' = \left\{\frac{\chi_1(1)}{\chi_1(1)}, \frac{\chi_1(2)}{\chi_1(1)}, \cdots, \frac{\chi_1(k)}{\chi_1(1)}\right\} \quad (4.2)$$
$$\chi_2'' = \left\{\frac{\chi_2(1)}{\chi_2(1)}, \frac{\chi_2(2)}{\chi_2(1)}, \cdots, \frac{\chi_2(k)}{\chi_2(1)}\right\}$$

（3）求两极最大差和最小差：

$$M = \max_{i} \max_{i} |\chi_0(k) - \chi_i(k)|$$
$$m = \min_{i} \min_{i} |\chi_0(k) - \chi_i(k)|$$

（4.3）

（4）计算关联系数：

$$\xi_i(k) = \frac{\min\limits_{i}\min\limits_{i}|\chi_0(k)-\chi_i(k)| + \theta \max\limits_{i}\max\limits_{i}|\chi_0(k)-\chi_i(k)|}{|\chi_0(k)-\chi_i(k)| + \theta \max\limits_{i}\max\limits_{i}|\chi_0(k)-\chi_i(k)|} \text{（其中 }\theta=0.5\text{）}$$ （4.4）

（5）计算被参考数列关联强度：

$$\varphi_i = \frac{1}{n}\sum_{i=1}^{n}\xi_i(k)$$，其中 φ_i 越大，说明对参考指标的影响程度越强，反之越小。也就是说，通过所求的关联度大小来反映各个国家相关指标的强弱[68]。

4.2.3 多层次权变系数与灰色关联结合模型的构建

在构建天然气产业竞争力评价指标体系时，按照系统性原则需进行分层次构建。本书按此原则将低碳经济下天然气产业竞争力的评价指标体系分为目标层、准则层和指标层。本书用权变系数与灰色关联结合模型对天然气产业竞争力强弱进行定量评价，其最终结果是依据评价指标的权重和关联系数联合确定的关联强度来表示，公式为

$$R_k = \sum_{j=1}^{t} \xi_{j(k)} w_j$$

（4.5）

式中，k 指某个国家；j 指某个指标；t 为指标个数。

在将此模型具体应用到天然气产业竞争力定量评价时，所选国家各指标的最优值构成指定参考数列 $\chi_0(k)$，各国各指标构成被参考数列：$\chi_1(k)$，$\chi_2(k)$，$\chi_3(k)$，…，$\chi_i(k)$，然后求被参考数列与指定数列之间的关联度 R_k。某国关联度越大，说明某国天然气产业竞争力越强，反之越弱。也就是说，关联强度的大小顺序也就是各国天然气产业竞争力强弱的顺序。在具体计算时分两步：第一步，先根据指标层的数据计算准则层的关联度大小并比较强弱；第二步，再根据第一步计算的准则层结果计算目标层的关联度大小，进而得到各国天然气产业在低碳经济下的整体竞争力强弱。

4.3 中国天然气产业竞争力评价

为了能更直观体现中国天然气产业竞争力在各方面的具体状况,本书对中国天然气产业与其他国家做了定量对比分析,选取了目前世界上天然气产业相对发达的美国、加拿大、荷兰、俄罗斯、英国、沙特阿拉伯、阿尔及利亚、伊朗8个对比对象,通过对比分析发现自我的优势和不足以提升自我。同时,根据表4.1中指标层列举的各项指标对相关数据进行收集和整理,其数据来源与各大石油公司年报、国家统计局统计年鉴、美国《石油情报周刊》(2014)、《BP世界能源统计年鉴2014》《BP世界能源展望2030》等。而在管理能力方面的各指标取得时,资本利润率、利润总额、利润增长率、营业收入增长率等是由该国著名的天然气企业相加之后乘以天然气产量的总热值与天然气和石油产量的总热值之和的比得到,具体计算见式(4.6):

指标值 = 天然气企业之和 × 天然气产量总热值 / 天然气和石油产量总热值　(4.6)

4.3.1 低碳经济下中国天然气产业竞争力的准则层定量计算

4.3.1.1 参考指标和被参考指标原始数据

本书将5个准则层的23个指标层作为参考指标,将各指标中的最优值作为被参考指标,其整理的原始数据见表4.2。

表 4.2　原始数据

指标	美国	加拿大	荷兰	俄罗斯	英国	沙特阿拉伯	阿尔及利亚	中国	伊朗	最优值
A1	687.6	154.8	68.7	604.8	36.5	103	78.6	117.1	166.6	687.6
A2	737.2	103.5	37.1	413.5	73.1	103	32.3	161.6	162.2	737.2
A3	7032	7333	4638	5113	2973	6738	1108	2029	2813	7333
A4	198.4	10	0.85	16.4	2.86	0.29	1.64	4.85	2.08	198.4
B1	9.3	2	0.9	31.3	0.2	8.2	4.5	3.3	33.8	33.8
B2	13.6	13.1	12.4	51.7	6.7	69.9	57.3	28	34	69.9
B3	1.3	−0.5	7.9	2.4	−5.9	4	−3.3	4.5	0.8	7.9
B4	2.4	3.5	2	−0.4	−0.6	4	4.3	3.8	0.7	4.3

续表

指标	美国	加拿大	荷兰	俄罗斯	英国	沙特阿拉伯	阿尔及利亚	中国	伊朗	最优值
B5	18.09	13.43	19.81	7.97	21.43	0.56	0.16	10.81	4.12	21.43
C1	52939	52393	50810	14468.6	41812	24815.9	5508.3	6958.9	4941	52939.1
C2	1.88	2.01	−0.8	1.32	1.66	3.8	2.7	3.67	−5.8	3.8
C3	1.01	1.29	0.75	0.46	0.79	2.14	3	1.93	1.54	3
C4	1.46	0.94	2.51	6.67	2.55	3.51	3.25	2.63	39.3	0.94
C5	2.69	2.11	1.64	3.24	0.79	0.17	−6.6	3.62	5.41	5.41
D1	5931	616.7	238.5	1714.2	513.4	632	121.9	9524.3	571.6	121.9
D2	2.45	1.99	2.18	2.48	2.45	2.42	3.08	3.29	2.71	1.99
D3	24.16	9.75	60.58	49.31	40.24	41.34	93.52	1.78	66.75	93.52
D4	11.99	22.87	2.04	8.23	10.6	0	0.1	3.8	0.54	22.87
D5	18.98	14.69	3.67	16.42	18.9	0	0	1.83	0.15	18.98
E1	10.9	4.12	8.32	11.56	9.21	10.2	9.8	9.72	10.15	11.56
E2	557.4	21.1	231.4	298.2	251.4	64.5	63.2	159.1	124.3	557.4
E3	33.2	−11.5	112.1	66.3	126.7	100.4	100.7	2.7	45.2	126.7
E4	26.43	16.13	20.2	−21.56	27.15	30.98	30.6	24.77	19.34	30.98

4.3.1.2 数据的无量纲化

由于原始数据量纲不同,为消除指标量纲对计算结果的影响,需对原始数据做无量纲化处理,按照式(4.2)中介绍的方程进行变换,其无量纲化数据见表4.3。

表 4.3 无量纲数据

指标	美国	加拿大	荷兰	俄罗斯	英国	沙特阿拉伯	阿尔及利亚	中国	伊朗	最优值
A1	1.000	0.182	0.049	0.873	0.000	0.102	0.065	0.124	0.200	1.000
A2	1.000	0.101	0.007	0.541	0.058	0.100	0.000	0.183	0.184	1.000
A3	0.952	1.000	0.567	0.643	0.300	0.904	0.000	0.148	0.274	1.000

续表

指标	美国	加拿大	荷兰	俄罗斯	英国	沙特阿拉伯	阿尔及利亚	中国	伊朗	最优值
A4	1.000	0.049	0.003	0.081	0.013	0.000	0.007	0.023	0.009	1.000
B1	0.271	0.054	0.021	0.926	0.000	0.238	0.128	0.092	1.000	1.000
B2	0.109	0.101	0.090	0.712	0.000	1.000	0.801	0.337	0.432	1.000
B3	0.522	0.391	1.000	0.601	0.000	0.717	0.188	0.754	0.486	1.000
B4	0.612	0.837	0.531	0.041	0.000	0.939	1.000	0.898	0.265	1.000
B5	0.843	0.624	0.924	0.367	1.000	0.019	0.000	0.501	0.186	1.000
C1	1.000	0.989	0.956	0.198	0.768	0.414	0.012	0.042	0.000	1.000
C2	0.800	0.814	0.519	0.742	0.777	1.000	0.885	0.986	0.000	1.000
C3	0.217	0.327	0.114	0.000	0.130	0.661	1.000	0.579	0.425	1.000
C4	0.986	1.000	0.959	0.851	0.958	0.933	0.940	0.956	0.000	1.000
C5	0.773	0.724	0.685	0.819	0.614	0.562	0.000	0.850	1.000	1.000
D1	0.382	0.947	0.988	0.831	0.958	0.946	1.000	0.000	0.952	1.000
D2	0.646	1.000	0.854	0.623	0.646	0.669	0.162	0.000	0.446	1.000
D3	0.244	0.087	0.641	0.518	0.419	0.431	1.000	0.000	0.708	1.000
D4	0.524	1.000	0.089	0.360	0.463	0.000	0.004	0.166	0.024	1.000
D5	1.000	0.774	0.193	0.865	0.996	0.000	0.000	0.096	0.008	1.000
E1	0.911	0.000	0.565	1.000	0.684	0.817	0.763	0.753	0.810	1.000
E2	1.000	0.000	0.392	0.517	0.429	0.081	0.079	0.257	0.192	1.000
E3	0.323	0.000	0.894	0.563	1.000	0.810	0.812	0.103	0.410	1.000
E4	0.913	0.717	0.795	0.000	0.927	1.000	0.993	0.882	0.778	1.000

4.3.1.3 指标权重的计算

在计算指标权重时,本书采用权变系数法确定权重,该方法可以完全依据客观数据来确定权重,避免了其他权重方法人为主观因素的影响,使计算结果更科学、更合理。利用式(4.1)对表4.3中的相关数据进行权重计算,其结果见表4.4。

表 4.4 各指标权重

指标	平均值	标准差	变异系数	指标权重
A1	0.359	0.374	0.961	0.231
A2	0.317	0.328	0.969	0.233
A3	0.579	0.371	1.562	0.375
A4	0.218	0.327	0.669	0.161
B1	0.373	0.385	0.968	0.136
B2	0.458	0.363	1.263	0.177
B3	0.566	0.302	1.875	0.263
B4	0.612	0.387	1.580	0.222
B5	0.546	0.381	1.435	0.201
C1	0.538	0.442	1.217	0.119
C2	0.752	0.307	2.450	0.239
C3	0.445	0.319	1.397	0.136
C4	0.858	0.319	2.693	0.263
C5	0.703	0.283	2.482	0.242
D1	0.800	0.350	2.290	0.287
D2	0.605	0.315	1.917	0.240
D3	0.505	0.314	1.608	0.201
D4	0.363	0.333	1.091	0.137
D5	0.493	0.457	1.080	0.135
E1	0.730	0.291	2.513	0.312
E2	0.395	0.307	1.284	0.160
E3	0.592	0.359	1.648	0.205
E4	0.801	0.307	2.604	0.324

4.3.1.4 关联系数的计算

利用式(4.3)、式(4.4)对表 4.3 中的数据进行关联系数计算,所得的关联系数见表 4.5。

表 4.5 关联系数

指标	美国	加拿大	荷兰	俄罗斯	英国	沙特阿拉伯	阿尔及利亚	中国	伊朗
A1	1.000	0.379	0.345	0.797	0.333	0.358	0.348	0.363	0.385
A2	1.000	0.357	0.335	0.521	0.347	0.357	0.333	0.380	0.380
A3	0.912	1.000	0.536	0.584	0.417	0.840	0.333	0.370	0.408
A4	1.000	0.345	0.334	0.352	0.336	0.333	0.335	0.339	0.335
B1	0.407	0.346	0.338	0.870	0.333	0.396	0.364	0.355	1.000
B2	0.359	0.357	0.355	0.635	0.333	1.000	0.715	0.430	0.468
B3	0.511	0.451	1.000	0.556	0.333	0.639	0.381	0.670	0.493
B4	0.563	0.754	0.516	0.343	0.333	0.891	1.000	0.831	0.405
B5	0.761	0.571	0.868	0.441	1.000	0.338	0.333	0.500	0.381
C1	1.000	0.978	0.919	0.384	0.683	0.460	0.336	0.343	0.333
C2	0.714	0.728	0.510	0.659	0.692	1.000	0.814	0.974	0.333
C3	0.390	0.426	0.361	0.333	0.365	0.596	1.000	0.543	0.465
C4	0.974	1.000	0.924	0.770	0.923	0.882	0.892	0.919	0.333
C5	0.687	0.644	0.613	0.734	0.564	0.533	0.333	0.770	1.000
D1	0.447	0.905	0.976	0.747	0.923	0.902	1.000	0.333	0.913
D2	0.586	1.000	0.774	0.570	0.586	0.602	0.374	0.333	0.474
D3	0.398	0.354	0.582	0.509	0.463	0.468	1.000	0.333	0.631
D4	0.512	1.000	0.354	0.439	0.482	0.333	0.334	0.375	0.339
D5	1.000	0.689	0.383	0.788	0.992	0.333	0.333	0.356	0.335
E1	0.849	0.333	0.534	1.000	0.613	0.732	0.679	0.669	0.725
E2	1.000	0.333	0.451	0.508	0.467	0.352	0.352	0.402	0.382
E3	0.425	0.333	0.826	0.534	1.000	0.724	0.727	0.358	0.459
E4	0.852	0.639	0.709	0.333	0.873	1.000	0.986	0.809	0.693

4.3.1.5 准则层关联强度

根据灰色关联系数和权变系数对各指标求取关联度,具体计算过程见式(4.5),准则层关联强度值见表 4.6。

表 4.6　灰色关联强度

指标	美国	加拿大	荷兰	俄罗斯	英国	沙特阿拉伯	阿尔及利亚	中国	伊朗
A	0.967	0.602	0.412	0.581	0.368	0.535	0.337	0.366	0.384
B	0.532	0.511	0.661	0.542	0.468	0.665	0.566	0.586	0.515
C	0.766	0.768	0.672	0.629	0.676	0.736	0.687	0.776	0.513
D	0.554	0.800	0.683	0.620	0.698	0.588	0.669	0.342	0.594
E	0.787	0.432	0.637	0.610	0.753	0.757	0.736	0.608	0.606

4.3.2　低碳经济下中国天然气产业竞争力的目标层定量计算

目标层的定量计算是依据准则层的计算结果而得，在具体计算时将各准则层所得的关联强度结果作为计算目标层的原始数据，然后依照 4.3.1 中求准则层的具体过程进行求解，本书在此不再重复，其具体结果见表 4.7 至表 4.9。

表 4.7　原始数据

指标	美国	加拿大	荷兰	俄罗斯	英国	沙特阿拉伯	阿尔及利亚	中国	伊朗	最优值
A	0.967	0.602	0.412	0.581	0.368	0.535	0.337	0.366	0.384	0.967
B	0.532	0.511	0.661	0.542	0.468	0.665	0.566	0.586	0.515	0.532
C	0.766	0.768	0.672	0.629	0.676	0.736	0.687	0.776	0.513	0.766
D	0.554	0.800	0.683	0.620	0.698	0.588	0.669	0.342	0.594	0.554
E	0.787	0.432	0.637	0.610	0.753	0.757	0.736	0.608	0.606	0.787

表 4.8　指标权重

指标	平均值	标准差	变异系数	指标权重
A	0.341	0.317	1.076	0.116
B	0.524	0.340	1.543	0.166
C	0.710	0.321	2.217	0.239
D	0.639	0.276	2.314	0.249
E	0.673	0.315	2.134	0.230

表 4.9 关联强度

指标	美国	加拿大	荷兰	俄罗斯	英国	沙特阿拉伯	阿尔及利亚	中国	伊朗
A	0.116	0.054	0.042	0.052	0.040	0.049	0.039	0.040	0.041
B	0.071	0.065	0.160	0.074	0.055	0.166	0.083	0.092	0.066
C	0.221	0.225	0.133	0.113	0.136	0.184	0.142	0.239	0.080
D	0.120	0.249	0.165	0.139	0.172	0.129	0.158	0.083	0.131
E	0.230	0.077	0.125	0.115	0.192	0.196	0.178	0.114	0.114
目标值	0.758	0.669	0.625	0.494	0.596	0.724	0.600	0.568	0.431

4.3.3 低碳经济下中国天然气产业竞争力评价结果分析

依据表 4.4 至表 4.6 准则层的计算结果以及表 4.7 至表 4.9 的目标层结果，对低碳经济下中国天然气产业国际竞争力进行分析评价。其目的在于通过与国际上其他国家天然气产业的比较来发现中国天然气产业的优势和不足。最终的竞争力排名见表 4.10。

表 4.10 各国竞争力排名

指标	美国	加拿大	荷兰	俄罗斯	英国	沙特阿拉伯	阿尔及利亚	中国	伊朗
生产经营实力	1	2	5	3	7	4	9	8	6
发展潜力要素	6	8	2	5	9	1	4	3	7
外部经济环境	3	2	7	8	6	4	5	1	9
低碳经济发展	8	1	3	5	2	7	4	9	6
管理能力	1	9	5	6	3	2	4	7	8
综合实力	1	3	4	8	6	2	5	7	9

通过以上结果可以看出,在考虑了低碳经济发展这个指标后,中国天然气产业的总体竞争实力排在9个国家中的第七位,与其他发达国家相比仍然有一定差距。但从表格结果也可看出,低碳经济给中国天然气产业发展带来了巨大的发展潜力和难得的外部环境机遇。其存在问题的原因主要表现在以下几方面。

4.3.3.1 生产经营实力分析

由表4.10可见,中国天然气产业在生产经营能力方面排在第八位。从计算结果看,竞争实力不强,但就具体指标来说,中国天然气产业有其自身的优势。从表4.7统计的原始数据看,中国天然气年产量为1171亿立方米,在9个国家中排名第五,年产量占到最大生产国美国年产量的17%;中国天然气年消费量为1616亿立方米,年消费量大于年产量,部分天然气需要进口,在9个国家中排名第四,与伊朗几乎没有差距。单从生产和消费两个角度来看,中国天然气产业具有一定竞争实力。而从天然气人均消费量和天然气管道长度来看,中国天然气产业存在明显不足,中国天然气人均消费量为2029千克(油),排在倒数第二位,与最大值加拿大7333.28千克(油)相差甚远;中国天然气管道长度为4.85万千米,与中国960万平方千米的国土面积相比,其管道长度明显不足,美国国土面积小于中国,但管道长度却是中国的近40倍。就平均管道长度(管道长/国土面积)来说,中国天然气管道建设存在严重不足,正是在人均消费量和管道建设方面的不足,导致中国天然气产业整体生产经营实力与其他国家相比存在差距。究其原因主要存在以下几点:

第一,市场主体发展滞后,供气不足。在中国能源开发过程中,天然气是作为石油产业的附属品来进行生产的。在中国实施现代化建设,加快工业化和城镇化步伐的进程中石油工业得到了国家的大力支持,鉴于石油工业在国家经济发展中的特殊地位和支柱型产业,中国对石油、天然气的生产经营实行高度垄断,与其他行业相比,市场化水平比较低。长期以来,重油轻气的发展策略导致天然气产业发展一直处于停滞阶段,天然气的勘探开发工作在国际上处于较低水平。在世界各国普遍实施低碳发展的背景下,由于缺乏对天然气勘探开发的整体规划,天然气供给在一定程度上一直处于供不应求的状态,相对于日益增长的消费需求明显不足,中国从2006年开始天然气大幅进口,2013年达到453亿立方米,年均增幅高达86.8%。

第二,能源消费中天然气占比小,储运能力缺乏。中国能源构成具有"多煤、贫油、少气"的特点,在当前的能源消费结构中,煤炭仍然是主要的消费能源,占到能源消费总量的2/3以上;其次是石油,天然气仅作为附加能源进行消费。目前,中国一次能源消费结构汇总,天然气所占比重仅为5.7%,明显低于24%的世界平均水平,在人均能源消费中的比例更小,相比之下中国的天然气消费将有很大的发展空间。天然气产品主要以气态或液态进行储运,通过管道加以运输,但中国在天然气储运设施建设方面比较落后,除四川地区已经形成完善的储运管网外,其他地区所形成的输气管网都比较独立,难以将全国范围内的天然气供应地与消费地连接起来。同时,储气库建设也严重不足,在用气高峰时不能保证天然气的有效供给。

第三,资源分布不均,开发难度大。据勘探统计,中国的天然气资源分布很不均匀,四川盆地、塔里木盆地以及东海大陆架是中国天然气资源的主要分布区,约占全国天然气资源总量的67%,但这些地区的地质物性异常复杂,储层物性变化比较大,勘探较难。同时,中国的天然气资源中常规气比较少,非常规气比较多。据统计,中国非常规天然气的资源量为139.8万亿~227.8万亿立方米,远远超过了常规天然气资源量63万亿立方米[62],但非常规天然气储藏的地质条件更为复杂,在勘探开发过程中的技术问题尚未解决,目前中国仅进入致密砂岩气规模开发阶段,煤层气、页岩气的开发尚在起步期。在这种情况下,中国天然气产量少,人均消费量低,进口量高不足为奇。

4.3.3.2 低碳经济发展分析

低碳经济的本质就是要实施低碳发展,在追求经济增长的同时减少碳排放量,保护生态环境,实现绿色可持续发展。在实施低碳发展方面,中国天然气产业竞争力与其他国家相比存在明显不足,这说明低碳经济给中国天然气产业发展提出了更高要求,低碳经济给天然气产业提出了挑战。由计算结果可得,中国天然气产业在低碳发展方面排名最后,CO_2年总排放量和CO_2强度在9个国家中都是最大的,在未来经济发展的同时面临严峻的减排压力。而中国天然气发电比为1.78%,与9个国家的平均天然气发电比43.05%相差甚远,在可替代能源消费和核能发电方面也远远落后于其他国家。从总体情况来看,中国在低碳发展方面与世界主要石油、天然气生产国有很大差距,其原因主要表现在以下几方面:

第一，能源消费结构不合理，天然气使用率低。长期以来，中国工业生产和发电消耗的能源以煤炭为主，能源消费结构极不合理。而在中国大力实施工业化的过程中仍然需要大量的煤炭作为基础能源，但煤炭燃烧产生的大量 CO_2 却与低碳发展要求相悖，中国今后长时间内都将面临促进经济发展和减少碳排放的两难问题。天然气的物理特性决定了其在未来低碳经济发展中的主干地位，但目前中国天然气使用率还比较低，据国家统计年鉴可知，2013年中国的能源消费中，煤炭占66%，石油占18.4%，而天然气只占5.8%，中国碳排放总量超过美国成为世界第一大碳排放国。天然气使用范围也比较窄，工业生产用气和居民生活用气是主要方向，发电、商业服务等行业利用率较低，低碳能源消费比例小是导致中国碳排放总体较高的一个关键因素。

第二，粗放型经济增长模式，产业结构失衡。长期以来，中国采用的是粗放经济的增长模式，产业结构不合理。中国要转变经济增长方式，需要不断实现结构优化，促进环境改善。低碳经济符合中国经济转型的要求。目前，中国工业化进程以及城市化进程不断加快，经济高速发展使得对化石能源的消费需求不断增加，温室气体排放较多，造成严重的环境问题。在经济结构中，第三产业所占比重较低，发展速度缓慢，每年平均增长幅度不到0.6%，第二产业占产业总值的比重高达46.7%。因此，中国经济发展对重工业的依赖程度仍然较高，对化石能源的消费需求量较大，不利于低碳经济的发展[69]。

第三，低碳技术水平落后。低碳技术是实现低碳经济的必要条件，而中国的低碳技术仍然比较落后，还没有形成低碳技术的创新体系，对低碳技术的研发、引进以及吸收等环节的能力都有待进一步提高，这导致中国能源的利用率整体偏低，从而使得中国低碳经济的成本增加。同时，中国用于污染治理和低碳科技研发的投资不足，2013年这两项指标占GDP的比重分别是1.67%和1.89%，而发达国家的这两项指标在10年前就已超过2.61%，与发达国家相比，中国低碳经济还未取得显著发展，无法满足可持续发展的要求。

4.3.3.3 发展潜力分析

中国天然气产业的发展潜力在9个国家中排名第三，仅次于石油大国沙特阿拉伯和西欧发达国家荷兰，在发展潜力方面的竞争力要比在生产经营能力方面强。从统计数据来看，中国天然气产量增长率和消费增长率都排在9个国家的前列,这源于中国天然气消费的持续快速增长和消费结构多元化发展。从2004年中国建成西气东输项目后,中国天然气的年产量和年消费量持续增加,天然气使用也从原来的以工业燃料为主向天然气发电和城市燃气方向发展。随着中国工业化和城镇化的快速发展,中国天然气产业在产量和消费量方面的优势将更加突出,据BP统计,中国天然气消费量将以年均7.6%的速度迅速增长,到2030年消费量可达461亿立方英尺❷/日,其消费水平与欧盟2010年的持平。但从原始数据也可看出,中国天然气产业在探明储量和储产比方面排在中下水平,在探明储量方面显得尤为不足,与美国、俄罗斯、沙特阿拉伯和伊朗的差距比较大,伊朗的探明储量约是中国的10倍;受地质结构影响,在储采比方面不如俄罗斯、沙特阿拉伯、阿尔及利亚和伊朗。中国在天然气产业方面的科技研发比排在9个国家中的第五位,就研发投入创新来说处于中游水平,但实际的勘探技术创新与发达国家相比却有很大差距,没有形成自己的知识产权。因此,中国天然气产业在发展潜力方面虽与最强国之间有差距,但低碳经济的发展却给中国天然气产业未来发展带来了难得的机遇期。中国天然气产业在发展潜力方面存在不足的原因主要有以下几方面:

第一,天然气资源匮乏。从第2章分析可以看出,目前中国天然气储量较为丰富,但是与世界相比,中国天然气探明储量所占比重偏低,仅占1.8%,且人均占有量仅为世界平均水平的1/16。同时,中国的天然气资源与需求分布不均衡,75%以上的天然气资源分布于西部经济欠发达地区,但天然气的消费却主要集中于东部经济发达地区。中国天然气资源相对匮乏和区域分布不均是致使中国天然气产业发展潜力相对较弱的一个关键因素。

第二,科技创新环境较差,创新应用能力较弱。创新是保证一个产业在未来能获得持续竞争力的关键所在,天然气产业的发展需要高科技作支撑,技术依赖性比较强,而中国天然气产业在营造创新环境和提升创新应用能力方面都比较弱。目前,中国天然气产业科技创新应用水平与发达国家相比还有很大差距,很多时候都只是将国外成熟的理论和技术在中国直接加以运用,却不善于借鉴研发,同时还有许多先进的理论和方法尚未得到足够重视,这就导致中国天然气产业的科技发展缺乏后劲,创新应用能力弱,发展潜力不足。

第三,天然气储备能力薄弱。近年来,中国的天然气管网基础设施建设得

---

❷ 1立方英尺=28.317立方分米。

到了进一步完善,目前已初步形成"西气东输、海气登陆,就近供应"的供应格局,天然气管道和地下储气库在2013年也全面加快发展,中国目前在建的储气库有4个,规划建设的储气库有10个。虽然中国政府对天然气储备问题越来越重视,但对于天然气的消费需求来说,还远远不能达到确保天然气稳定供应的要求。按照国家部门要求,要确保天然气的稳定供应,需储备量占需求量的20%~25%时才可以,国外储备量一般能占到消费量的10%以上,而中国仅占3%左右,荷兰为40%,美国为20%,俄罗斯为16%,与国外相比,中国的天然气储备能力较弱,还有很大差距。

4.3.3.4 外部经济环境分析

天然气产业是为一国经济发展服务的,其产业如何发展受到外部经济环境的影响,中国天然气产业要提高竞争力离不开良好的外部经济环境。从竞争力排名表中可以看出,中国外部经济环境因素排在9个国家之首,给天然气产业的发展提供了良好的空间环境。从原始数据可以看出,中国的GDP年增长率、城市人口增长率、国际贸易增长率3项指标在9个国家中的排名都在中等以上,中国GDP年均增长率为3.67%,仅次于沙特阿拉伯,长期以来,中国经济一直保持持续快速发展趋势,总体经济发展态势良好,这有利于中国天然气产业的快速发展。中国的城市人口增长率为1.93%,比沙特阿拉伯和阿尔及利亚略低,排名第三,这源于中国实施的加快工业化和城镇化建设,在实施低碳发展的大趋势下,工业的快速发展和城市人口的增加都将使工业用气量和城市燃气量增加,这对中国的天然气产业来说是难得的机遇期。中国的国际贸易量排名第二,低于伊朗,自中国加入世界贸易组织(WTO)后,积极参与国际贸易合作,在石油、天然气国际贸易方面主要体现在与石油输出国组织(OPEC)成员国之间的石油、天然气贸易往来,国际贸易增长率的提高也有利于中国当前天然气的进口,促进中国天然气工业的发展。

以上是中国经济环境有利的一面,在存在优势的同时也存在某些不足,中国的人均GDP偏小,在9个国家中倒数第三,且与西部发达国家差距较大,人均GDP偏小导致人均能源消费不高,不利于天然气产业发展,中国的通货膨胀率在9个国家中处于中等水平,虽然与美国、荷兰、英国等发达国家相比还略有差距,但中国经济总体发展形势稳定,目前对天然气工业发展不起关键作用。针对以上存在的问题,可做以下分析:

第一,经济开放程度略显不足。中国自加入世界贸易组织以来,实施了一系列对外开放政策积极参与国际贸易,目前已成为世界第一大出口国。但在看到取得成绩的同时,也要看到中国的经济开放程度与世界平均水平相比仍然偏低,对外开放与转变经济发展方式的步伐仍然跟不上国际竞争力发展的要求,经济开放程度的高低可在一定程度上制约中国天然气产业发展。

第二,国民人均收入不高。虽然国际经济市场动荡不定,但中国经济一直保持持续稳定发展,就GDP增幅率来说远超其他国家。但也要看到中国发展的实际,中国仍然是发展中国家,与发达国家相比人均收入显然偏低。2013年,联合国公布的工薪阶层收入数据显示,中国工薪阶层人均月收入水平偏低,还达不到发达国家平均水平的一半,人均收入不高也导致人均能源消费低。

第三,中国天然气产业国有化程度较高,处于垄断地位,自由贸易受到限制。中国目前的天然气市场主要集中在三大国有石油公司手里,市场集中程度过高,属于高度寡头垄断性质,市场控制力较低,缺乏自由贸易和竞争。三大石油公司形成了集投资、生产、销售为主体的捆绑式运营,形成区域性垂直一体化垄断结构[63],而具体到某地区的销售环节还会受到地方政府的行政性干预,这种行政加自然的双重垄断严重阻碍了天然气产业的市场发展,抑制了自由贸易流通,阻碍了民间资本和先进技术的引入,不利于规避运营风险。

4.3.3.5 管理能力分析

管理能力反映了一个行业的内部经营水平,营业收入增长率、所得利润、利润增长率、资本利润率等最能反映管理水平。从计算结果看出,中国天然气产业的管理能力排在第七位,整体实力不强。就具体指标来看,中国天然气行业的资本利润率和营业收入增长率与其他国家相比差距不大,资本利润率在9个国家中虽然排名第六,但与前五名的差距甚小,与美国、沙特阿拉伯、俄罗斯的差距在0.3%以内;营业增长率排名第五,除与沙特阿拉伯、阿尔及利亚有较大差距外,与美国、英国的差距较小。从这两项指标来看,中国天然气产业在营业收入方面处于中等水平。从利润总额和利润增长率两项指标来看,天然气产业在运营管理方面明显存在不足,与天然气强国之间的差距很突出,中国天然气产业的利润总额为159.1亿美元,而美国、俄罗斯和英国的利润总额分别为557.4亿美元、298.2亿美元和251.4亿美元,美国的天然气利润额是中国利润额的近4倍。中国天然气产业的利润增长率与其他国家相比差距更大,中国的利润增长率为2.7%,而最大国英国为126.7%,沙特阿拉伯为100.4%。这些数字表明,中国在天然气产业方面的利润增长严重不足,究其原因主要有以下几个方面:

第一,天然气价格不合理,还未形成科学的定价体系。从第2章的分析可以看出,目前中国天然气价格偏低,出厂价不能反映生产的完全成本,其价格背离了价值,不能有效反映市场的真实供求关系。而天然气价格偏低一方面降低了天然气供气企业的积极性,导致企业惰性生产;另一方面又会导致高耗能企业过度使用天然气造成资源浪费,过低的价格和严重的资源浪费是造成天然气产业利润不高的关键因素。

第二,天然气行业人力资源匮乏。中国的天然气产业主要由三大石油公司经营,同时还作为石油的附属品生产,专门研究天然气业务的人才还严重不足。随着近年来的快速发展,已暴露出技术人才短缺现象,人员缺口较大。在日常工作中,与天然气有关的业务在企业经营管理和人员管理方面不能有效结合,不能有效支撑天然气业务的正常发展。天然气因为价格较低,公司盈利能力下降,员工的薪酬福利与从事石油业务的人员相比有一定差距,同时也不能定期组织员工的专业技能培训。薪资福利水平较低,员工专业技术培训和晋升激励机制缺失,是造成具有天然气多年从业经验人员离职的主要原因,人力资源的匮乏最终导致产业劳动生产率较低,营业成本较高,管理水平低下。

第三,天然气产业监管滞后。在中国,能源产业能否有序稳定发展,归根结底还要依赖于国家制定的政策机制,与天然气业务有关的政策法规正是这种行为机制建立的依据[64]。中国天然气产业虽处于蓬勃发展期,但目前还没有一部相应的政策法律法规来对行业运营进行监督管理,体制政策的缺失会给生产经营带来很多不便,以致影响经济的发展。另外,天然气管理部门在政策制定和实施监管方面界限不明,监管力度不够,这种权力部门化、部门利益化的状况大大降低了监管效率,使管理处于无序状态。

4.4 小结

从以上分析可以看出,中国天然气产业经过几十年的发展已取得了很大进步,尤其是在当前实施低碳经济发展的大环境下,中国天然气产业在发展潜力和外部环境方面的优势更加突出。但通过比较分析发现,中国天然气产业也存在很多问题,在实施低碳发展、低碳技术研发以及产业管理等方面与其他国家相比还有很大差距。在中国天然气产量、人均消费量、管道长度等自身竞争实力不强的前提下,中国天然气产业应迫切抓住实施低碳发展的有利时机,通过对竞争力的研究分析找出劣势,发现不足,利用有利环境和自身优势研究制定切实可行的发展对策,提升中国天然气产业的整体实力。

天然气产业竞争力的强弱与其发展战略之间有着密切关系。选择适合中国天然气产业的发展战略,能够为其发展确立明确的目标,提供科学的战略措施,从而充分利用和发挥天然气产业现有竞争优势,弥补不足之处,不断提升中国天然气产业的竞争力。同时,中国天然气产业发展战略的制定需要充分考虑中国天然气产业现有竞争力情况,充分研究中国天然气产业的生产经营能力、低碳经济发展、发展潜力要素、外部经济环境以及管理能力等方面的实际情况以及竞争力较差的原因,制定合适的发展战略。

下篇

低碳经济下中国
天然气产业发展战略选择

第5章 低碳经济下中国天然气产业发展环境分析

低碳经济下,中国天然气产业的发展面临新的机遇与挑战,分析中国天然气产业发展的宏观环境、竞争格局以及天然气产业的内部环境是制定天然气发展战略的重要基础。

5.1 中国天然气产业外部环境分析

5.1.1 中国天然气产业宏观环境分析

5.1.1.1 政治法律环境分析

天然气是一种洁净环保的优质能源,中央和地方政府在低碳经济和可持续发展理念的指导下非常重视天然气产业发展。《天然气"十二五"规划》中明确提出,"十二五"时期是全面构建现代能源产业体系的关键时期,也是天然气产业发展迈上新台阶的重要时期,我们需加强天然气资源的勘探开发,增加国内资源供给,加快天然气管网及储气库等基础设施建设,加强科技创新,提高装备自主化水平,引导天然气高效利用,加快天然气产业发展,提高天然气在一次能源消费结构中的比重。国家政策法规方面,2000年9月《中华人民共和国大气污染防治法》正式实施,限制高污染燃料的使用,鼓励利用天然气、电能等清洁能源。为切实保护石油、天然气输送管道,保障石油、天然气供应安全,2010年6月第十一届全国人民代表大会常务委员会第十五次会议审议通过《中华人民共和国石油天然气管道保护法》。2012年10月,国家发改委主任办公会议审议通过的《天然气利用政策》为进一步引导和规范天然气下游利用领域提供了相关建议和对策。

虽然中国愈加重视天然气能源法规建设,但中国天然气法规尚存在以下缺陷:中国尚未对天然气单独立法,没有独立的天然气法规,天然气法律体系尚不完善;中国缺乏专门的天然气政府管理机构,多头管理现象严重,一定程度上制约天然气的发展;立法滞后,计划经济色彩浓厚,随着经济的快速发展及天然气产业环境的变化,计划经济体制下制定的许多法律、法规已无法适应天然气产业发展的需要,必须进行相应调整;目前,中国天然气产业垄断现象严重,缺乏公平的竞争环境,中国需依照反垄断法等法规,对具有自然垄断属性的管网等基础设施运营企业进行有效监管,督促其向第三方提供公平、公正的服务。

5.1.1.2　经济环境分析

目前,中国天然气产业发展的经济环境特点主要包括以下几个方面:

第一,经济增长速度放缓,下行压力较大,在一定程度上影响了天然气的需求。自 2012 年以来,在美国经济复苏乏力、欧债危机和中国房地产调控的影响下,中国经济增速放缓。2013 年中国 GDP 增长率为 7.7%,2014 年为 7.3%。经济增长速度放缓,导致很多用气行业效益低下,在一定程度上影响了天然气需求;同时这些行业由于收益减少,对天然气价格的波动更加敏感,导致用户煤改气、油改气的意愿大幅度减弱。

第二,经济新常态背景下,中国经济结构转型将有利于天然气产业的发展。2014 年 5 月,习近平提出新常态概念,经济新常态是指经济结构的对称态,在经济结构对称态基础上的经济可持续发展,包括经济可持续稳增长。经济新常态的特点主要体现在粗放型经济增长方式逐步转变为科学、可持续、包容性的发展模式,经济结构不断转型升级;环境承载能力已达到或接近上限,必须推动形成绿色低碳循环发展新方式;从要素驱动转向服务驱动及创新驱动。经济新常态下,中国低碳经济进一步推进,必然促进天然气产业的进一步发展。

第三,在国民经济稳定发展的进程中,劳动力由农村向城镇转移,城市化进程不断加快居民收入及消费水平提高,天然气汽车、建筑、旅游、包装、纺织、农业、电子电器等关联产业的发展,势必带动天然气需求的快速增长。

第四,2010 年发布的《国务院关于鼓励和引导民间投资健康发展的若干意见》中明确规定:支持民间资本与国有石油天然气公司合作,共同勘探开发中国石油、天然气资源。支持民间资本参股建设天然气管网等基础设施。目前,天然气投资环境逐步开放,市场化程度不断提高,天然气产业发展前景广阔。

5.1.1.3 技术环境分析

第一,科技创新能力增强,装备自主化水平提高。目前,中国已形成水平井开发技术、砂岩气藏低成本开发技术、超深高压气藏开发技术、火山岩气藏开发技术、疏松砂岩气藏开发技术和碳酸盐岩气藏开发技术6种天然气开发技术。研制成功目前世界最高端的第六代3000米深水半潜式钻井平台。以西气东输一线、二线,LNG接收站等国家重大项目为依托,成功实现了X70、X80钢级管材国产化的目标;大型LNG运输船国产化工作顺利推进,解决了中国进口LNG的运输瓶颈问题。

第二,关键技术尚待突破。中国天然气勘探开发技术创新速度加快,但中国天然气地质条件复杂,目前仍面临许多技术瓶颈问题。如中国缺乏大规模开发页岩气的关键技术体系,缺乏相关技术标准规范和自主核心技术等;大型LNG低温泵、大功率天然气压缩机和大型燃气轮机等关键设备依然需要大规模进口;引导天然气高效利用的关键技术与国际水平相比仍有较大差距。

5.1.1.4 社会环境分析

第一,低碳经济的发展给天然气产业带来机遇与挑战。低碳经济是一种以低能耗、低排放及低污染为基础的经济模式,发展低碳经济已成为全球共识。《国民经济和社会发展第十二个五年规划纲要》提道:坚持建设资源节约型及环境友好型社会,转变经济发展方式,节约资源及保护环境,最大限度降低温室气体排放,大力推广并发展循环经济及低碳技术,各级政府采取有效措施积极应对气候变化,最终促进经济社会发展与人口资源环境相协调,实现可持续发展。低碳经济下各种低碳政策纷纷出台,为低碳经济的推行提供了法律保障,同时也使各产业推行低碳经济有了一定的约束性,当然也提高了各产业的准入门槛。根据低碳政策的规定,各产业、企业、部门将面临更加严格的环境审核,在效率和能效方面也有更高的要求。也许对于各产业来说,低碳经济的这种高要求给产业内部本身带来了很大的挑战和压力,但从本质上来说,是对各产业内部的一场洗礼,符合其自身利益,是一种整合,是对产业核心竞争力的重塑,符合企业长远发展的要求。同时,低碳城市建设将助推沿海进口LNG的发展。低碳经济将改变中国现阶段以煤炭为主的能源消费结构,为中国天然气产业的发展提供广阔的市场空间。

第二,中国政府提出"一带一路"建设之后,与国外的合作交流进一步加强,有利于促进中国天然气的进口。拓展稳定的油气资源是中国"一带一路"建设的重要战略目标。中国油气资源的进口主要通过马六甲海峡的海路进行运输,获取途径较为单一,这使得中国能源安全受到威胁,因此,拓展新的油气资源进口途径显得十分必要。"一带一路"建设的主题之一就是"能源建设",这有利于中国与沿线国家的交流合作,促进中国陆上能源通道的建成。例如,与新疆接壤的中亚地区,油气资源仅次于中东,是全球第二个油气资源最为丰富的地区。近年来,中国从中亚进口的天然气数量不断增加。随着天然气需求的不断增长,中国通过新疆从中亚进口的天然气数量还将持续增加。同时,通过"一带一路"建设,能够促进中国与沿线国家的技术交流及资金合作,促进中国天然气产业发展。

5.1.2 中国天然气产业竞争格局分析

20世纪80年代,波特教授提出的"五力分析"模型对战略的制定影响深远,是分析竞争环境的重要工具。5种作用力分别为购买者议价能力、供应商议价能力、潜在进入者的威胁、替代品的威胁及行业内现有竞争者的竞争(图5.1)。

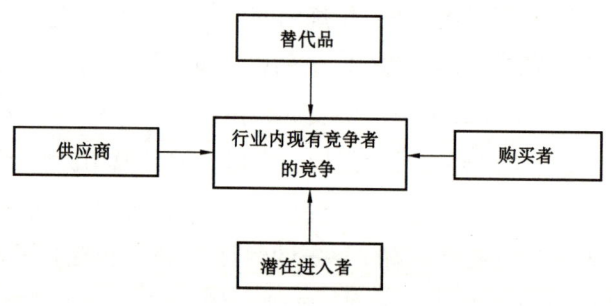

图 5.1 "五力分析"模型

5.1.2.1 供应商议价能力

自21世纪以来,随着中国经济的快速发展,物价涨幅较大,天然气设备供应商讨价还价能力逐步增强。首先,天然气上游勘探开发阶段,物价上涨导致上游勘探开发设备价格上涨,天然气勘探开发成本随之上升。此外,低碳经济背景下,传统的天然气产业发展模式已无法满足环境的需要,急需引进新技术及设备替换原有的高能耗设备,天然气勘探开发设备需求增加,天然气设备供应商议价筹码增多,议价能力增强。其次,在天然气管输环节,管道材料价格随物价上涨。此外,随着中国天然气骨干管网及城市管网建设的不断推进,管道需求将大幅增加,管道供应商讨价还价能力随之增强。

随着中国经济的快速发展,天然气需求逐年增加,供需矛盾日益严峻,进口量持续增加,对外依存度不断攀升。尽管中国天然气进口气源已逐步多元化,但由于运输成本等方面的限制,土库曼斯坦仍是中国最大的天然气进口国,天然气进口量逐年增加,中国尚未掌握进口气定价主动权,天然气供应国议价能力增强。

5.1.2.2 购买者议价能力

2011年,天然气价格形成机制改革在广东、广西进行试点,改变现行以成本加成为主的天然气定价方法,按照"市场净回值"对天然气定价。选取可替代能源种类及计价基准点,构建天然气与可替代能源价格挂钩的联动机制。同时放开非常规天然气(包括页岩气、煤制气、煤层气等)的出厂价格,进行市场调节定价。随着天然气价格改革的推进,中国天然气将逐步由政府定价向市场竞争形成价格过渡,消费者议价能力将逐步增强。

5.1.2.3 潜在进入者的威胁

从第2章的数据可以看出,目前中国天然气资源探明程度较低,发展潜力巨大。据统计,中国非常规天然气技术可采资源量高达22万亿立方米,可采资源量远大于常规天然气资源量。此外,随着中国城市化建设的加速推进及低碳经济的发展,天然气的需求也将日益增加。《外商投资产业指导目录(2011年修订)》中明确规定,外商可以投资的产业包括天然气、石油的风险勘探及开发,页岩气、海底天然气水合物等非常规天然气资源勘探、开发(限于合资、合作)。面对中国天然气发展的广阔空间和良好的投资机遇,外国天然气公司纷纷投资于中国天然气市场。尽管中外合资开采天然气可以引进国外先进的勘探开发技术和管理经验,促进天然气的勘探开发和市场竞争机制的形成,但外国天然气公司凭借其雄厚的资本和精湛的勘探开发技术必然会抢占中国天然气市场,一定程度上制约中国天然气产业的快速发展。

5.1.2.4 替代品的威胁

天然气替代品主要包括煤炭、石油、电力、清洁能源等。煤炭与天然气之间的竞争主要体现在经济效益及环境效益两个方面[70]。从经济效益方面来看，同热值的煤炭价格远低于天然气，煤炭对于一些低收入家庭及外来暂住人口具有一定的吸引力。此外，很多公司一直使用煤炭进行经营生产，改用天然气需缴纳大笔接口费用，转换成本较高，许多公司难以承受。从环境效益方面来看，同热值的天然气二氧化碳、二氧化硫的排放量远低于煤炭，天然气减排效果显著，为推动中国低碳经济的快速发展，保护生态环境，政府采取各种措施鼓励使用天然气。

天然气与石油的竞争主要体现在化工原料及汽车燃料两个方面。化工原料方面，很多公司一直将石油作为燃料和原料进行经营生产，虽然天然气价格较石油低廉，但改用天然气需缴纳大笔接口费用，转换成本较高，很多公司难以承受。此外，中国天然气管网等基础设施建设尚不完善，许多公司没有利用天然气的管输条件。汽车燃料方面，天然气汽车在北京、上海、兰州、重庆、成都等大中城市及天然气产区正式得到推广和发展，但中国天然气管网、加气站等基础设施建设尚不完善。此外，油改气转换成本较高，众多消费者一时难以接受，天然气替代石油作为汽车燃料发展较慢。

同时，近年来国际油价的波动为中国天然气产业发展提供了机遇。2003年1月，国际原油价格为32.72美元/桶，2011年11月涨到95.64美元/桶，在不到10年的时间里增长了不到两倍。国际油价的高位运行能够在一定程度上增加天然气的需求量，为中国天然气产业的发展提供机遇。自2014年开始，国际油价呈现较大幅度的波动，2014年上半年开始原油价格振荡走低，2015年下降到40美元，2016年初跌至近年低点，随后逐渐反弹。尽管国际油价波动将会对天然气的消费需求产生一定影响，产生一定逆替代现象，但是从长期来看，天然气价格仍低于国际原油价格。由于国际天然气贸易的区域性很强，现在还没有形成国际天然气价格。国际天然气市场大体可以分为北美洲、欧洲和亚洲3个市场，通过对比这3个市场原油的价格可以看到，国际天然气的价格大体相当于国际原油价格的50%～70%（表5.1）。中国的天然气价格现在并未与世界的天然气价格挂钩，目前，中国天然气价格仅相当于世界天然气价格的50%，与同热值的国内油价相比，仅相当于30%（表5.2）。在油价高升不降的情况下，天然气作为石油的替代能源，具有强大的竞争力。

表 5.1　2001—2014 年全球市场天然气价格

单位：美元/百万英热单位

年份	LNG	天然气		原油
	日本 LNG 到岸价	美国（亨利中心）	德国进口价格	经合组织到岸价
2001	4.64	4.07	3.66	4.08
2002	4.27	3.33	3.23	4.17
2003	4.77	5.63	4.06	4.89
2004	5.18	5.85	4.32	6.27
2005	6.05	8.79	5.88	8.74
2006	7.14	6.76	7.85	10.66
2007	7.73	6.95	8.03	11.95
2008	12.55	8.85	11.56	16.76
2009	9.06	3.89	8.52	10.41
2010	10.91	4.39	8.01	13.47
2011	14.73	4.01	10.49	18.56
2012	16.75	2.76	10.93	18.82
2013	16.17	3.71	10.73	18.25
2014	16.33	4.35	9.11	16.8

数据来源：《BP 世界能源统计年鉴 2015》。

表 5.2　2014 年北京城市民用燃气平均销售价格及热值统计表

燃料种类	平均销售价格	平均热值（千卡/小时）
天然气	2.28 元/米^3	9227
液化石油气	2.67 元/千克	11034

数据来源：国家发改委价格监测中心。

近年来，在政府的大力支持和引导下，新能源获得长足发展。与化石燃料相比，核电是清洁的，在核电生产过程中，二氧化硫和二氧化碳等物质皆为零排放。根据中国核电中长期发展规划（2005—2020 年），预计到 2020 年，中国核电运行装机容量能够达到 4000 万千瓦，届时占全部发电装机容量的 4% 左右，发电量占全国发电量的 6%。在太阳能热利用方面,中国已形成完整的产业体系,市场成熟度、核心技术等均位居世界前列。现阶段,中国太阳能产业规模、太阳能热水器产量及使用量均位居世界第一。新能源替代了部分城市燃气和工业燃料,是中国天然气产业面临的新挑战。

5.1.2.5 行业内现有竞争者的竞争

自 21 世纪以来,中国石油、中国石化及中国海油三大石油公司主要在勘探开发区块登记、LNG、勘探开发部署及政策 4 个方面展开了激烈竞争。勘探开发区块登记方面,早在 2003 年底,中国石油、中国石化登记了陆上大部分天然气区块,中国海油则地毯式登记海上天然气区块。LNG 竞争方面,中国天然气供需矛盾突出,LNG 进口量逐年增加,三大石油公司为争夺 LNG 市场,纷纷在沿海圈地,LNG 市场三足鼎立局势显现。勘探开发部署方面,首先,管道成为竞争的焦点,目前中国石油拥有全国陆上大部分管道网络,中国海油则抢占沿海天然气管道。其次,中国石化设立南方天然气公司,中国石油则依托四川油气田分公司抢占西南地区市场;西北地区,中国石化积极勘探开发准噶尔盆地及天山南部地区的天然气,中国石油将克拉 2 气田作为西气东输的主力气源[71];海上,中国海油以南海天然气田为依托,力图海上全面发展,中国石化则积极勘探东海气田。政策方面,中国海油在税收政策竞争方面处于优势地位,陆上天然气增值税率高达 13%,海上则仅为 5%。三大石油公司的适当竞争将促进中国天然气的勘探开发,同时也有利于勘探开发技术的进步,但中国天然气产业由三大石油公司垄断,容易形成恶性竞争,一定程度上影响中国天然气产业的发展。

5.2 中国天然气产业内部环境分析

5.2.1 有形及无形的资源能力分析

资源及能力是产业制定战略的基本依据,资源、能力和市场是产业发展的三大要素。产业拥有的资源和产业运用资源的能力构成了产业的核心竞争力。Barney(1986)和 Peteraf(1993)是基于资源观的战略学家,他们提出,将产业资源观和竞争能力作为制定战略的依据。资源是可以被用来创造财富的一切有形和无形的客观存在,如产业在生产过程中的所有要素。能力是产业将资源转化为技能。

分析中国天然气产业的资源和能力,可以从资源量、勘探潜力、管网建设、技术能力、价格、法律体系以及监管机构建设等几个方面和国外天然气产业发达国家进行比较评价分析(表 5.3)。

表 5.3 中国天然气产业有形及无形资源能力分析

项目	评价内容	国外发达国家天然气产业	中国天然气产业
有形资源	资源量	丰富	相对较丰富
	勘探潜力	大	前景较好
	管网建设	资源地与市场很好地联系在一起	总长度短,分布不均匀
无形资源	技术能力	技术发达	技术较落后
	价格	市场化	政府定价,政府指导定价
	法律制度	健全的天然气法	有关政策、法规缺位
	监管组织	正式的组织和监管机构	政府监管职能弱化、分散、交叉和缺位并存

5.2.2 中国天然气产业 SCP 分析

SCP 理论是哈佛大学学者乔森贝恩提出的产业组织理论,该理论从结构、行为、绩效 3 个方面对产业进行分析,构架了系统化的市场结构(Structure)—市场行为(Conduct)—市场绩效(Performance)的产业内部分析框架。根据该理论,市场结构决定产业在市场的行为,产业的市场行为又决定市场绩效,产业经营的最终目的是取得利润,因此要提高市场绩效,必须从改变产业政策、调整市场结构着手。

5.2.2.1 中国天然气产业市场结构分析

按照市场结构的概念,天然气产业市场结构是指天然气生产企业和消费者的数量和规模分布等综合状态。目前,中国的天然气上游开采和管网建设运营集中于中国石油、中国石化和中国海油三大石油公司,特别是形成了中国石油"一家独大"的局面。根据市场竞争关系和垄断程度划分,属于垄断产业。按照SCP 理论,产业的市场结构决定市场行为。中国天然气价格目前还不是市场化定价,不能由市场供求关系决定,而是由政府定价,政府指导定价。中国天然气产业一旦进行市场化改革,就会影响市场结构。

5.2.2.2　中国天然气产业市场行为分析

(1)市场需求行为。

从第2章分析可以看出,随着中国城市化进程和环境保护力度的提高,天然气化工工业、城市燃气业、发电用气量将越来越大。天然气的消费需求超过其他一次能源的增长速度(核能除外),远远高于同时期的石油和煤炭的增长速度。总之,中国能源消费大国的地位和经济持续快速的发展决定了中国天然气巨大的需求潜力。

(2)市场供给分析。

只要中国经济持续发展,对能源的需求就会只增不减,天然气市场也会出现指数增长。天然气产业作为中国的能源产业,将会一直处于卖方市场。

自2015年以来,国内天然气的价格甚至比进口LNG价格还要高,经济性大打折扣,市场急剧萎缩,很多地方出现了"逆替代"现象,一边是可替代能源纷纷以"白菜价"参与竞争,另一边是天然气供大于求的态势愈演愈烈。总之,与发达国家的天然气产业相比,中国缺乏集中管理的科技组织机构,缺乏整体战略布局,存在严重的低水平的重复工作和研究方向不明确等问题。中国天然气产业缺乏科技自主创新能力、获取策略能力以及缺乏合理布局的研发体系[72]。

5.2.2.3　中国天然气产业市场绩效分析

(1)生产能力。

从第2章的分析可以看出,中国常规天然气技术探明储量持续增长,非常规天然气产量不断增加,非常规天然气开采技术的不断进步使得非常规天然气的产量增加。但是面对巨大的天然气需求市场,天然气仍然供不应求,从2007年开始,中国天然气就供不应求,天然气供应压力巨大。

(2)利润水平。

从第2章的分析可以看出,中国天然气定价一直采取政府管制的方式,尽管政府不断推行天然气价格改革,但是与国外相比,中国天然气价格仍然比较低。与此同时,中国对管道天然气的进口按照国产价格销售,进口天然气的成本远低于国产天然气,但是由于政府对进口天然气价格定价参考国产天然气价格,造成国内天然气价格长期处于低价状况,使得中国海油、中国石油等企业不得不面临每年数百亿元的气价倒挂亏损。因此,如果中国天然气价格不能理顺,亏损局面还将持续。

5.2.3 中国天然气产业价值链分析

迈克尔·波特企业"价值链"理论认为,每个企业都是在设计、生产、销售、传送和辅助其产品的过程中进行的各种活动的集合体,所有的活动可以用价值链表示。从价值链理论可以推论:产业的成长不只是某个环节的成长,而是整个产业价值链总体水平的提高与成长,整个产业价值链的综合实力决定了产业的发展水平和竞争力。

5.2.3.1 中国天然气产业价值链构成

天然气产业价值链可以分为上游勘探开发,中游的管道运输、城市配送,下游天然气应用(图 5.2),随着 LNG 国际贸易的发展,中国天然气产业又增添了 LNG 产业链。研究天然气产业价值链可以使天然气产业细分单元化,针对每个价值链进行分析,找出促进每个价值链成长的战略措施,从而提高中国天然气产业的整体实力。

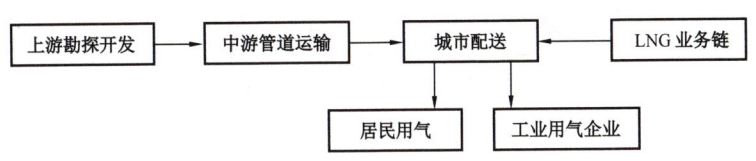

图 5.2 中国天然气产业价值链构成

5.2.3.2 价格市场化对中国天然气产业价值链的影响

目前,中国天然气产业的改革重点是价格改革。价格市场化将有力地推动中国天然气产业上游勘探开发。中国天然气价格包括出厂价、管输价和城市配送价,中国目前出厂价实行的是国家指导定价,天然气价格偏低。实行价格市场化之后,必定在短时间内提高天然气的价格,有利于上游企业解决亏损问题,提高天然气的勘探开发能力。长距离输送费也是由国家统一规定,城市配送价格由省级价格主管部门规定,根据业内人士的观点,天然气价格调整一般是系统性的。因此,天然气价格市场化最终会有利于天然气中上游产业链的发展。但是下游居民用气和工业用气成本会有所增加。

5.2.4　中国天然气产业生命周期分析

对产业来说,产品是其存在和发展的基础,因为产品在每一个产业都有其产生、成长、发展和衰退的过程,所以产业也会伴随着这种现象出现幼稚期、成长期、成熟期和衰退期4个阶段(图5.3)。产业成熟后期会出现两种情况:一种是如曲线1所示的产业长期处于成熟期,另一种是如曲线2所示的产业快速进入衰退期。天然气产业作为一个能源产业,发展具有相对稳定性。只要经济持续发展,就会对能源有持续的需求。因此,天然气产业在进入成熟期以后,会长期处于成熟期,除非资源枯竭。

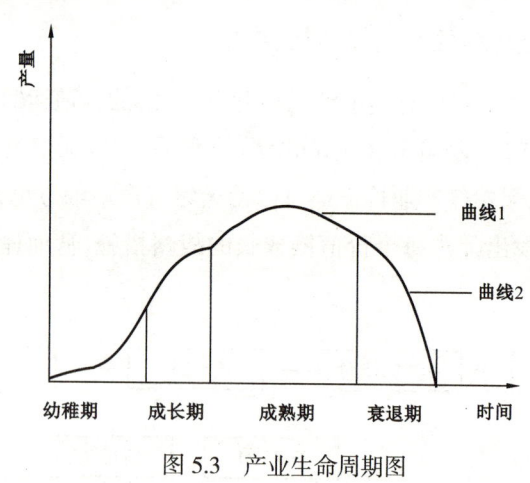

图 5.3　产业生命周期图

5.2.4.1　国外天然气产业所处的发展阶段分析

美国、英国、俄罗斯等世界主要发达国家的天然气产业已经进入成熟期,日本的天然气产业也进入了稳定发展期。美国成熟期介于20世纪70年代后期至今,美国联邦政府通过调整天然气政策、颁布天然气法规来逐步完善天然气市场的各种制度。首先解除对天然气价格的管制,实现天然气定价市场化,这主要是通过颁布《燃料使用法》《气井自由生产法》政策法规来实现的;理顺天然气价格与其他能源的关系,这主要是通过解除对天然气利用的限制,让天然气和其他能源竞争;并放开管道运输业务,使管道运输独立运行,这样用户可以自主选择,把竞争机制引入管道运输业务,可以很快地促进管道运输发展的质量和速度的提高。

英国的天然气产业成熟期从20世纪90年代中期至今。英国政府对天然气燃气企业进行拆分、重组,对天然气业务采取分割、捆绑等改革措施,这是通过修改《天然气法案》来实现的;英国政府对天然气市场的改革,把竞争机制引入天然气产业链的各个环节,并制定措施完善这些机制;通过降低家庭用燃气市场的准入门槛来实现家庭用燃气市场的自由化竞争。

日本的天然气市场从2001年到现在处于稳定发展阶段。日本政府通过把竞争机制引入天然气市场,加快天然气替代原有的能源燃料的步伐,扩大天然气在民用、商业用气以及天然气汽车等领域的用气规模,促进天然气市场的发展,最终解决能源供应安全问题和环境保护问题。

5.2.4.2 中国天然气产业所处的发展阶段分析

中国常规天然气产业的发展以2004年12月30日"西气东输"管道工程正式商业运作为标志,中国天然气市场进入发展期,21世纪30年代中期以后将步入成熟期,这期间的20多年是天然气持续的发展期,这是天然气各项制度得到完善的阶段。中国非常规天然气现在正处于起步阶段。中国还没有颁布"天然气法",天然气定价还没有形成市场化,尚未成立专门的天然气监管机构。从发展期到成熟期的这20多年里,需要完善这些不足之处。

同时,我们也必须意识到,国外天然气产业发达的国家产业周期已经进入稳定的成熟期,其发展速度减缓,中国的天然气产业正处于快速成长阶段,这有可能成为发达国家寻找的新的增长点,进而会对中国天然气产业的发展造成冲击。

5.3 小结

前文的分析表明,目前中国天然气产业所处的宏观环境对天然气产业既有机遇,也有挑战。政治环境方面,中央和地方政府在低碳经济和可持续发展理念的指导下非常重视天然气产业发展,但天然气法规尚存在一定缺陷;经济增长速度放缓,下行压力较大,在一定程度上影响了天然气的需求,中国经济结构转型将有利于天然气产业的发展;科技环境方面,科技创新能力增强,装备自主化水平提高,关键技术尚待突破;社会环境方面,低碳经济的发展给天然气产业带来机遇与挑战,中国政府提出"一带一路"建设之后,与国外的合作交流进一步加强,有利于促进天然气进口。从竞争格局来看,天然气设备供应商和消费者讨价还价能力逐步增强,外国天然气公司进入中国市场一定程度上制约中国天然气产业的快速发展,天然气作为石油的替代能源具有强大的竞争力,而新能源的发展是中国天然气产业面临的新挑战,中国天然气产业由三大石油公司垄断,容易导致恶性竞争,一定程度上影响中国天然气产业的发展。中国能源消费大国的地位和经济持续快速的发展决定了中国天然气巨大的需求潜力,天然气产业作为中国的能源产业,将会一直处于卖方市场。

第6章 低碳经济下中国天然气产业的SWOT分析及发展战略设想

根据前文分析,低碳经济下中国天然气产业的发展具有一定优势,也存在一定劣势,同时也面临着机遇和威胁。在对中国天然气产业进行SWOT分析的基础上,提出其发展战略的设想思路、目标、任务、重点及步骤有利于明确中国天然气产业发展的方向。

6.1 低碳经济下中国天然气产业的SWOT分析

6.1.1 竞争优势

(1)资源丰富,发展潜力大。中国经过十几年的勘探,在中国960万平方千米的土地和300多万平方千米管辖的海域下发现了丰富的天然气资源。根据专家预测,中国天然气资源总量可达到40万亿~60万亿立方米,勘探领域广阔,开发潜力巨大,天然气产业前景十分美好。在中国的东西南北相继发现了天然气气区,包括东部地区的东海盆地,西部地区的塔里木盆地、吐哈盆地、准噶尔盆地以及青海的柴达木盆地,南部的莺歌海—琼东南及云贵地区,北部的华北和东北的广大地区的老油田在未来高科技的推动下还将继续保持巨大的发展潜力。这些气区的勘探,初步描绘了中国天然气发展的轮廓。

(2)天然气资源环保性强。中国现在能源消费以煤炭和石油为主,煤炭和石油是高碳排放能源,加重了温室气体的排放,不利于中国的环境保护。天然气与煤炭、石油相比,有着很多优点:大力倡导使用天然气,可替代一部分煤和石油的使用,对改善中国近期常发的雾霾天气有很大的作用;天然气作为一种清洁能源使用,几乎无二氧化硫、灰尘和飞灰等排放物,与煤炭相比,能减少64%氮氧化合物的排放量和52%二氧化碳的排放量,这在一定程度上有助于减少酸雨形成,舒缓地球温室效应(表6.1),提高全球的环境质量;天然气是较为安全的燃气之一,一氧化碳的含量是煤炭的15%,石油的10%;天然气的密度比空气小,一旦发生泄漏,不容易形成集聚的爆炸性气体,因为天然气比空气轻,会立即向上扩散,所以天然气使用的安全性较高。

表6.1 煤、石油、天然气的排放量

单位:千克

排放物	一吨油	一吨当量煤	一吨当量天然气
CO_2	3100	4800	2300
SO_2	20(未脱硫)	6(80%硫已脱)	—
NO_2	6(工业用)	11(工业用)	4(工业用)
CO	6~30	4.5~20	0.53~3
未燃烧	0.5	0.3	0~0.45
飞灰	—	1.4	—
灰尘	—	220	—

天然气的主要成分是甲烷,甲烷完全燃烧化学方程式为:$CH_4+2O_2 \Longrightarrow CO_2+2H_2O$。因此,天然气和石油、煤炭一样仍然会产生二氧化碳,在一定程度上仍然会加重全球温室效应。因此,不能把天然气当成完全意义的新能源来看待。尽管这样,天然气在当今世界仍然是比较重要的清洁能源,相信在不久的将来,经过人们的不断探索,并且加上科学技术的不断进步,人们一定会找到比天然气优点更多的理想的新能源,但是将来不管哪种新能源替代天然气,天然气的作用都是无可替代的,它将起到向新能源过渡的不可替代的桥梁作用。

(3)天然气与替代能源相比具有明显的价格优势。目前,中国依据政府的指导来确定天然气的出厂价格,其终端销售及城市输配价格则由省级价格主管部门管理,缺乏相应的竞争机制,天然气价格相对稳定,相应的替代能源价格则由市场竞争形成,天然气与其他可替代能源相比价格较低,被广大消费者所接受,天然气消费量逐年增加。

(4)天然气较为安全。天然气成分主要为氢气和甲烷,燃烧时并不产生一氧化碳等有毒气体,对人体健康危害较小;它比空气轻,即使泄漏,也是往上空随风飘散,不易形成爆炸源,而且其爆炸极限也比液化石油气窄得多;管道天然气采用低压供气,压力约0.03大气压,约为瓶装气的1/300;中国对管道天然气进行集中供气、专业化管理,各家各户不需要储存天然气,无须更换天然气容器、装卸调压器,燃爆事故频率大幅降低。

（5）天然气用途广泛。中国持续发展的经济,对能源的需求只增不减。目前,中国天然气的消费主要包括城市燃气、车用、工业燃料、化工以及发电等方面。天然气化工方面,天然气是生产氮肥的最佳原材料,具有污染少、成本低等优点。城市燃气方面,随着低碳经济的发展及居民环保意识的增强,城市用气量逐年增加。LNG汽车方面,天然气替代汽车用油价格低廉,同时LNG不稀释润滑油,能有效减轻零件磨损,延长汽车发动机的寿命,经济效益显著。天然气是一种高效、清洁、优质能源,本身所含有害物质较少,燃烧时二氧化碳的排放量远少于其他化石燃料。目前,中国已加快了天然气汽车的发展速度,以尽快减轻汽车尾气污染,改善城市空气质量。天然气发电方面,单位装机容量所需投资较少,工期较短,经济效益显著。此外,天然气发电能够有效缓解能源紧缺,减少环境污染。

6.1.2　竞争劣势

6.1.2.1　天然气资源分布不均衡

从中国油气的分布规律和地质构造可以看出,中国天然气资源主要分布在中部和西部地区,分别占陆上资源量的43.2%和39.0%。根据新一轮全国油气资源评价结果,中国的塔里木盆地、四川盆地、鄂尔多斯盆地和东海大陆架这4个区域的可采资源量大于2万亿立方米,这4个地区资源量总计为14.67万亿立方米,占全国资源总量的66.56%。西部地区天然气资源量约占中国天然气资源总量的80%,海域的资源量约占12%,东部仅占8%。中国天然气消费市场主要集中于东部地区,天然气资源远离终端消费市场,运输不便,成本较高。

6.1.2.2　中国天然气资源勘探开发难度较大

中国陆上天然气资源地理环境复杂多样,主要分布在沙漠和山区;其次是戈壁、黄土塬和平原。天然气资源埋藏深度跨度大,主要富集于中深层(2000～3500m),勘探开发难度较大。中国的天然气气田以中小气田为主,由于这些气田的地表条件和地质构造都很复杂,陆上勘探对象个性化很明显,很少有共性的气田,加上勘探项目埋藏一般都很深,对技术有更高的要求,造成中国天然气勘探开发的难度都很大。通过第2章的数据可以看到,经过十几年的艰苦勘探,中国已经克服天然气勘探过程中的一些困难,但是,由于在天然气勘探中存在技术瓶颈,加上中国大部分气田地质构造比较复杂,中国天然气勘探还需要继续向发达国家学习先进的技术,并针对自身的地质构造特点,研究新技术,提高中国天然气的勘探量。

6.1.2.3　天然气管网等基础设施薄弱

中国天然气资源匮乏,加上中国的天然气资源分布极不均衡,主要分布在中部和西部地区。为将需求和供应连接在一起,应大力建设资源地与市场之间的桥梁——国内和国际天然气管道。中国目前已经形成了西气东输、川气东送、鄂尔多斯天然气管道网和中缅国际管道网。但是中国管网建设相比发达国家还是比较滞后,北美、欧洲、独联体国家已经形成了跨国、跨城市的天然气管网。而中国天然气管道大部分还没形成网络。中国天然气管网现存在的问题有:

(1)天然气管道分布不均,没有形成城乡网络分布。中国大部分输气管线分布在四川和重庆境内,其余分布在陕甘宁、东北和环渤海地区。无法在全国范围内形成整体的天然气网,这样就无法使天然气资源在全国范围内调配。

(2)天然气管径小,输气成本高,经济效益差。中国缺乏长距离、大口径和大输量的天然气管道,中国目前的天然气管道,除了西气东输工程外,大部分是在20世纪六七十年代建设的,由于设备老化,维修费高,导致输气成本高,经济效益低下。

6.1.2.4　天然气储备制度尚不完善

对外依存度高、供不应求及单管供气的格局要求中国必须建立完善的天然气储备体系。但目前中国只有以调峰为目的的储备设施,调峰量远不能满足用气高峰的调峰需要,天然气储备体系建设尚不完善,中国建立真正意义上的战略储备还需经历一个漫长的过程。国内设计储备气量是30亿立方米,调峰能力仅是14亿立方米,仅是全年总用气量的2.2%,而欧美等发达国家的储气库调峰能力均在全年总用气量的10%以上。中国第一座城市调峰储气库是大张坨地下储气库,于2000年12月建成投产,大港、华北储气库也于2009年建成投产。另外,还有西气东输一线上的两个储气库,西气东输二线上的两个储气库和西气东输三线上的3个储气库。中国这些储气库对天然气调峰起到了一定的作用,但是中国现阶段的储气库主要建设在输气管道上,缺乏独立的大型储气库。由于地区用气的不均匀、季节性调峰、突发事故应急储备和国家战略储备等,仍然需要加大对储气库的建设。中国天然气管网存在的这些问题严重制约中国天然气产业的发展。

6.1.2.5 消费结构不合理

中国天然气应用领域主要分为化工原料、工业原料、民用等。其中,化工原料和工业原料用气为主要的应用领域,在天然气消费结构中所占的比重接近70%,其中化肥生产占38.3%。这些领域是产能比较差的行业,对天然气价格升高的承受能力差,而价格承受能力最强的居民用气以及车用燃气在天然气消费结构中所占比重虽然近年来一直在提高,但是还远远低于世界的平均水平。天然气消费结构不合理,一方面不利于天然气资源的高效、节约利用;另一方面,加大了天然气管网建设的经济风险。同时,国内众多消费者已习惯于利用煤炭、石油作为燃料,对煤炭、石油具有一定的依赖性,加之环保意识淡薄,对天然气的用途及优势认识不足。

6.1.2.6 天然气供不应求,需求严重依赖进口

中国天然气总体储量不是很高,加上勘探开发技术落后,导致产量不能满足中国对天然气过度增长的需求。近些年,由于政府一直把天然气作为清洁能源来倡导,中国对天然气的需求过度增长,导致供不应求,天然气供给出现很大的缺口,需要靠进口来补充。从2007年开始,中国天然气就出现了供不应求的局面,并且出现了天然气产量增长速度降低,而天然气消费增速飙升的趋势。天然气缺口越来越大。

天然气的缺口增大导致中国天然气对外依存度呈上升趋势。中国天然气从2007年开始进口,到2013年对外依存度飙升到31.6%。美国和中国都是天然气消费大国,但是美国和中国不同,美国天然气的生产量和消费量都很高。分析美国天然气对外依存度可以看到,2001—2005年对外依存度比较高,但是从2005年开始对外依存度呈下降趋势,2013年下降到6.7%。中国天然气产业的发展出现了和美国相反的一个局面,2001—2006年中国天然气供给大于需求,不需要进口国外的天然气,但是在2007—2011年中国对天然气的需求过度增长,导致进口的快速飙升(图6.1)。另外,还必须说明,中国天然气在一次能源中的比重增加,主要是靠进口来拉动的。中国天然气产业的这种发展趋势是

不合理的。当今世界经济、政治格局动荡不安,中国天然气较高的对外依存度,不利于中国经济的稳定发展,也不利于中国天然气产业的可持续性发展。

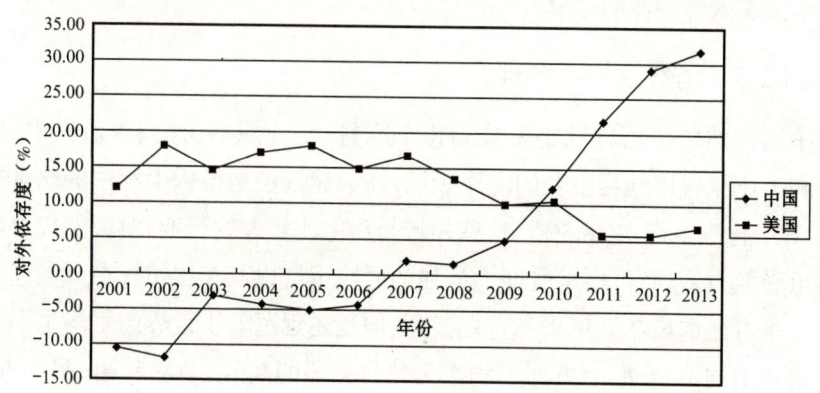

图 6.1　2001—2013 年中美对外依存度趋势图
数据来源:BP 世界能源统计年鉴 2015

6.1.2.7　消费者不成熟

国内众多消费者已习惯于利用煤炭、石油作为燃料,对煤炭、石油具有一定的依赖性,加之环保意识淡薄,对天然气的用途及优势认识不足。

6.1.3　市场机会

6.1.3.1　国际资源供应充足

从第 2 章的分析可以看出,目前世界天然气探明储量丰富,发展潜力较大。天然气供应充足,随着美国页岩气的迅速发展,世界天然气供应能力将进一步增强。专家普遍认为,世界天然气资源完全可以满足经济发展的需要。国际资源供应充足,中国天然气进口气源将逐步多元化,能源安全问题也将迎刃而解。

6.1.3.2　天然气需求旺盛

在微观经济学中,市场需求由消费者购买能力和消费者购买意愿两个因素构成,两者缺一不可,只有购买能力并不能构成市场需求,消费者购买意愿是构成市场需求的前提,是形成市场需求的关键。任何产业想要发展,必然会想尽一切办法扩大本产业产品的市场需求,提高市场占有率,提高市场需求的关键是通过宣传等各种手段吸引消费者的购买意愿,形成消费者购买偏好,而影响消费者购买意愿或偏好的一个重要因素就是消费者价值观,即消费者的价值观是影响市场需求的一个关键因素。对于中国天然气产业来说,也是一样的,要想促进中国天然气产业的发展,其中的关键要素就是提高天然气的市场需求,想要拉动天然气的市场需求必须提高消费者的购买意愿,而要想使消费者对天然气形成购买意愿,必须首先使消费者拥有使用天然气的价值观念,即形成对天然气的消费观。

为了形成消费者对某种产品的偏好,形成购买意愿,厂商会投入大量的宣传广告等促销费用,这笔费用在任何产业中所占的比例都很高,是一笔巨大的支出。如果这笔宣传类的费用能够省去,同时又能起到宣传拉动市场需求的作用,这对于任何产业来说,无疑是一件巨大的幸事。对于中国天然气产业的发展来讲,低碳经济的时代背景无疑就是对其产品天然气的一种免费宣传,而且是一种涉及范围遍布全球的宣传,是全世界都在为其进行免费宣传,这种宣传涉及范围最广、力度最大,势必会引起消费者对低碳能源天然气的关注,形成对天然气的购买偏好,从而提高天然气的市场需求,进一步拉动天然气产业的发展。

近年来,低碳经济理念已经深入人心,各行各业都在朝着低碳经济模式转型,各种低碳概念应运而生,如低碳社会、低碳城市、低碳世界等,低碳理念已经深入人心,低碳甚至成为人们追求的一种高端时尚,成为人们高生活质量、高生活素质的标志。能源在社会生活、建设中发挥着无可替代的作用,几乎涉及人类生活的方方面面,在能源利用方面寻求低碳化是低碳经济建设的核心,也是目前社会各界谈论的热点。在低碳理念的支配下,人们在寻求一种洁净经济的低碳能源,各种专家论证和学者研究及国外的经验都将目前阶段中国低碳能源指向了天然气,因此天然气成为目前中国低碳能源的代表,消费者在能源使用方面也将目光投向了天然气,在低碳理念的指导下人们在能源利用方面形成了对天然气的消费偏好。最近几年,城市燃气用气迅速增加,天然气发电、天然气汽车等,天然气用途方面在不断扩展,而且在消费量方面不断增加。总之,天然气的需求量在不断增加。在低碳理念的指导下,消费者会进一步加大对天然气的消费需求,天然气的能源地位将不断提升,天然气市场需求将进一步提高,需求增长了,势必会促使天然气产业加大对天然气的勘探开发,势必会促使天然气产业加大对非常规天然气、深海天然气的勘探开发和技术投入,势必会促使天然气产业努力挖掘天然气新的用途,势必会加大基础管道、地下储气库等服务设施的建设等。总之,市场需求的提高会拉动整个天然气产业的发展和完善,使中国天然气产业进入高速发展期,更加健全完善,更加具有国际竞争力。

6.1.3.3 非常规天然气开采为天然气供给增长提供新的动力

从第2章分析可以看出,中国非常规天然气资源丰富。随着中国勘探开发技术的进步和勘探进程的加快,非常规天然气产量将逐年增加,从而为国产天然气的供给增长注入新的动力。低碳经济将进一步促进非常规天然气的勘探开发,尤其是人造天然气的发展。鉴于中国"富煤、贫油、少气"的能源结构特点,且煤炭在中国一次能源消费结构中所占的比例高达70%,目前阶段要想完全取代煤炭是不现实的。而低碳经济的大时代背景又不利于煤炭产业的发展,煤炭产业要想发展,必须采用各种洁净煤技术,而这些技术中最有前途的就是地下气化技术,该技术将煤炭通过气化转变为"人造天然气",即将煤炭作为原料生成了天然气。这样既能更好地解决燃煤的高污染问题,又为中国日益高涨的天然气需求提供了天然气来源,弥补天然气需求空缺,同时也进一步密切了中国煤炭产业与天然气产业的关系。可以说,低碳经济的要求将两个原本相互独立的产业密切联系在了一起,为其合作提供了契机。在采用地下气化技术生产"人造天然气"的过程中,煤炭成为原料,而天然气成为产成品,这样煤炭产业可以自产自销,也可以为天然气产业提供原料,天然气产业进行生产。如果是后者的话,煤炭产业就不需要重建管道、运输、销售等一系列环节,就可以直接利用天然气产业原有的配套设施等,这样就会大大降低成本,更具有竞争优势。综合看来,如果两个产业合作,不仅原料充足、原有配套设施齐全,而且可以充分发挥本产业原有的优势,其综合的竞争优势会大大提高[73]。

6.1.3.4 天然气管网等基础设施建设日趋完善

目前,中国已形成以西气东输一线、二线为骨干的西气东输系统,以陕京一线、二线、三线为骨干的陕京线系统,以及涩宁兰、忠武线系统,川渝管网、沿海LNG接收站和地下储气库配套应急调峰,国产和进口双气源保障的供气管网骨架,"西气东输"供气格局基本形成。下一步,中国将在此管网骨架基础上,建设支线、联络线及储气调峰设施,继续完善"西气东输"系统;同时构建纵贯南北的俄罗斯东西伯利亚进口天然气管网,进一步完善"北气南下"供气格局。此外,中国将加快沿海LNG接收站的建设步伐,最终形成"西气东输、北气南下、海气登陆"的覆盖全国的天然气供气管网体系,天然气运输瓶颈问题将逐步解决,天然气利用水平将稳步上升。

6.1.3.5 资金及技术的涌入将推动天然气产业的发展

中国政府高度重视低碳经济的发展,为低碳经济的发展提供了各种法律政策支持,同时低碳经济将低碳能源天然气的能源地位凸显出来。21世纪将是天然气的时代,各种低碳优惠政策纷纷出台,加上政府的支持和引导,中国天然气产业的发展前景十分光明。看到低碳经济下中国天然气产业未来巨大的发展潜力,各种投资基金必然会纷纷涌入中国天然气产业,这样就为中国天然气产业的进一步发展提供了资金保障,中国天然气产业的发展就会比较顺利。

同资金的流向一样,人才往往也会涌进发展潜力比较好的企业或行业,低碳经济能够给天然气产业带来有利的发展机遇,鉴于天然气产业的良好发展前景,各类人才会进入天然气产业。同时高等院校会加大对天然气产业方面的教育和科研,为天然气产业的发展培养一批批优秀的专业人才。另外,专家会加强对天然气方面的研究工作,加大对天然气多用途的研究,会加强对天然气开发利用技术方面的研究等。总之,所有的这些既为中国天然气产业的发展提供了强大的人才资源,又为中国天然气产业发展提供了理论指导和技术支持。

在资金和人才充足的前提下,势必会加大科研投入,尤其是对非常规天然气的开发利用技术、深海勘探技术等,这样就为中国天然气产业的发展带来了技术上的支持,中国天然气产业将向着更广的领域发展。低碳经济的大时代背景给中国天然气产业的发展创造了巨大的发展潜力,使其成为一块大蛋糕,从而吸引了众多的资金和人才,为其自身注入了新的生命力,从而使蛋糕越做越大,形成良性循环。

6.1.3.6 能源政策优化天然气产业发展环境

中国的市场经济是中国特色的市场经济,是社会主义条件下的市场经济,在这种市场经济中,政府发挥着重要作用,在遵循市场规律的基础上发挥着强有力的宏观调控作用,中国经济的发展离不开政府的指导与支持。同样地,一个产业的发展如果得到政府的大力支持,其发展会更加顺利,在政府的支持下会得到社会各界的大力支持,资金、科研等方面的问题能够得到更好的解决。通常一个政府对产业企业方面的支持,是通过制定出台相关的激励政策、税收优惠政策等。

中国政府高度重视低碳经济的建设，出台了一系列相关的政策文件，与发达国家低碳政策相比，虽然不够健全完善，但已经凸显出低碳经济的重要战略地位。首先，中国在建设资源节约型和环境友好型的长期基本国策的基础上，又新添了发展低碳经济的长期基本国策，为天然气的发展提供了充分的发展空间和强有力的政策支持，使其发展有着强有力的后盾支持。其次，出台一系列的法规，在这些法规中都明显体现出国家对符合低碳经济发展的能源产业，当然包括天然气产业所给予的法律支持和保护。另外，国家还在税收政策方面给予很大程度的优惠，以引导投资和资金流向。最后，随着中国碳税的开征，将从成本方面进一步凸显中国天然气产业发展的优势。

中国将低碳经济的发展上升到长期国策的战略高度，从另一个角度说，也就是把中国天然气产业的发展提升到战略的高度，国家越重视低碳经济的发展，也就是表示在未来的几十年至少在2020年以前，国家越重视天然气的发展，即高度重视担此重任的中国天然气产业的发展，必然为其发展提供完善的政府服务，为其发展完善基础设施，为其发展提供法律保障，为其发展提供资金、技术等方面的支持。各种优惠政策和支持为中国天然气产业的发展创造一个良好的发展环境，必然会促使中国天然气产业更快、更好地发展。未来随着中国低碳政策和法规的日趋完善和健全，中国天然气产业将得到更好的发展。

6.1.4 竞争威胁

6.1.4.1 外部环境影响，制约竞争力的提升

天然气产业竞争力的强弱与其所处的外部环境息息相关。基于灰色关联分析显示，中国天然气产业的外部环境排名七国之末。除GDP增长率居七国之首外，人均GDP、人均能源消费量、全球化指数、通货膨胀率、天然气发电量占总发电量的比例5个指标和最优值之间均有很大差距。由于中国天然气发电规模小、国民人均收入不高、经济开放程度较低等原因，使得中国天然气产业竞争力有待提高。随着中国经济的快速发展，居民消费水平提高，物价涨幅较大，天然气设备供应商讨价还价能力逐步增强。勘探开发设备及相应管输设备价格上涨，勘探开发及管输成本增加，在天然气价格不变的条件下，天然

气公司利润变相降低,影响天然气公司生产及运输天然气的积极性,制约天然气产业的快速发展。另外,中国天然气企业仍离不开政府的持续扶持,部分地区依然存在着偷气盗气、社会腐败等现象,天然气生产缺乏相关法律依据以及国外天然气企业的进入等外部环境问题,严重制约着中国天然气产业竞争力的提高。

6.1.4.2 替代品带来的威胁

天然气的替代品威胁主要来自煤炭、石油以及一些新能源,其中,最大的威胁来自煤炭。煤炭是中国的传统燃料,中国对煤炭有着比较依赖的情结,并且中国是煤炭的生产和消费大国。煤炭在工业燃料和化工原料等领域都是天然气的最大竞争对手。根据替代原理,煤炭价格的变化与天然气是反方向的。近年来,中国煤炭价格主要呈上升趋势,这就有利于天然气市场的发展。但受国际煤炭价格降低和国内煤炭价格走高双重作用的影响,中国煤炭的产量大幅度提高,进而又造成国内煤炭价格的回落。受替代能源煤炭价格的影响,中国天然气消费市场受到威胁。

同时,中国近年来的政策有利于煤炭产业的发展。天然气与煤炭相比,最大的优势是有助于环保,但是近年来国家一直倡导清洁煤技术的研发和应用,随着技术水平的提高,煤炭对环境的污染会越来越轻,这对天然气市场的威胁越来越大。

另外,随着太阳能、生物能、核能、氢气等新的替代能源的不断涌现,这些新能源有可能部分替代天然气等传统能源,成为21世纪能源的新宠。我们不得不承认,这些新能源的出现,虽然有利于缓解世界能源紧张的局面,但也会威胁到天然气在能源市场中的地位。

6.1.4.3 天然气法律法规尚不健全

中国政府尚未对天然气单独立法,没有独立的天然气法规;中国天然气产业下游法规基本空白,没有形成完整的天然气法律法规体系,致使许多问题无法可依,执法随意;计划经济体制下制定的许多法律、法规已不能适应现阶段天然气产业发展的需要,必须进行相应的修订和完善;非常规天然气和常规天然气的立法不分,难以提高企业投资非常规天然气的积极性,不利于天然气产业潜力的发挥,影响天然气产业的可持续发展。

6.1.4.4 监管体系尚不健全

中国天然气产业监管职能由不同政府部门负责,与美国、加拿大、英国等发达国家相比,中国尚未成立专门的天然气政府管理机构,政出多门,难以统筹协调。由于中国缺乏专门的能源管理部门和独立的监管机构,导致政出多门、监管重叠或缺失,对中游环节的长输管道垄断现象缺乏现代监管机制,下游市场混杂,市场化程度低。在各个环节相关法律严重缺失的状况下,真正公平竞争的市场局面远未形成,严重阻碍了天然气产业的发展。

除此之外,中国天然气价格偏低在一定程度上影响了天然气生产企业的利润,导致其积极性降低;对外依存度逐年增大,使得中国能源安全问题日益突出,影响了天然气市场的需求;国外公司纷纷投资于中国天然气产业,使得中国天然气产业市场受到一定影响。

中国天然气产业的 SWOT 分析简单总结见表 6.2。

表 6.2 中国天然气产业 SWOT 分析

	天然气产业内部条件		天然气产业外部环境
优势（S）	（1）中国天然气资源丰富,发展潜力大; （2）天然气环保性强; （3）天然气与替代能源相比具有明显的价格优势; （4）天然气较为安全; （5）天然气用途广泛	机会（O）	（1）国际资源供应充足; （2）天然气需求旺盛; （3）非常规天然气开采为天然气供给增长提供新的动力; （4）天然气管网等基础设施建设日趋完善; （5）资金及技术的进入有利于推动天然气产业快速发展; （6）能源政策优化天然气产业发展环境
劣势（W）	（1）中国天然气资源分布不均衡; （2）中国天然气资源勘探开发难度较大; （3）天然气管网等基础设施薄弱; （4）天然气储备制度尚不完善; （5）天然气消费结构不合理; （6）天然气供需缺口逐年加大; （7）消费者不成熟	威胁（T）	（1）外部环境抑制竞争力的提升; （2）替代品的威胁; （3）天然气法律法规尚不健全; （4）监管体系尚不健全; （5）天然气价格偏低; （6）对外依存度逐年增大,能源安全问题日益突出; （7）外国天然气公司纷纷投资于中国天然气市场

低碳经济还为中国天然气产业的发展带来了一定的挑战,但与带来的机遇相比,低碳经济给中国天然气产业带来的机遇要远远大于挑战,为中国天然气产业的发展提供了巨大的舞台,低碳经济下中国天然气产业具有巨大的发展潜力。为了使中国天然气产业抓住低碳经济带来的机遇,更好更快地发展,为中国天然气产业的发展提出了以下战略设想。

6.2 低碳经济下中国天然气产业的发展战略设想

6.2.1 低碳经济下中国天然气产业发展战略的设想思路

低碳经济下中国天然气产业发展战略的设想思路如图6.2所示。

	优势 S	劣势 W
	S_1 中国天然气资源丰富,发展潜力大; S_2 天然气环保性强; S_3 天然气与替代能源相比具有明显的价格优势; S_4 天然气较为安全; S_5 天然气用途广泛	W_1 中国天然气资源分布不均衡; W_2 中国天然气资源勘探开发难度较大; W_3 天然气管网等基础设施薄弱; W_4 天然气储备制度尚不完善; W_5 天然气消费结构不合理; W_6 天然气供需缺口逐年加大; W_7 消费者不成熟
机遇 O O_1 国际资源供应充足; O_2 天然气需求旺盛; O_3 非常规天然气开采为天然气供给增长提供新的动力; O_4 天然气管网等基础设施建设日趋完善; O_5 科技进步将推动天然气产业快速发展; O_6 能源政策优化天然气产业发展环境	**SO 战略** (1)成本领先战略; (2)差异化战略; (3)加强国际合作,保障进口气源多元化; (4)依托科技创新,推动天然气勘探开发; (5)国家政策扶持,加速产业发展	**WO 战略** (1)完善中国天然气储备制度; (2)贯彻能源政策,加大天然气宣传力度; (3)利用非常规天然气缓解中国天然气供需矛盾
威胁 T T_1 勘探开发及管输设备价格上涨,成本增加; T_2 替代品的威胁; T_3 天然气法律法规尚不健全; T_4 监管体系尚不健全; T_5 天然气价格偏低; T_6 对外依存度逐年增大,能源安全问题日益突出; T_7 外国天然气公司纷纷投资中国天然气市场	**ST 战略** (1)加强企业管理,降低勘探开发及管输成本; (2)完善天然气法律法规,健全天然气监管体系; (3)加大天然气勘探开发力度,缓解中国天然气供需矛盾	**WT 战略** (1)积极开拓中国中西部天然气消费市场; (2)借鉴国外先进技术和经验,克服天然气勘探开发难题

图6.2 低碳经济下中国天然气产业发展战略设想思路

（1）本书以低碳经济为前提背景，因此在制定中国天然气产业的发展战略时，既要使制定的发展战略有利于中国天然气产业的发展完善，又要符合低碳经济的要求，采取这些战略后更加有利于中国低碳经济的发展，即在制定中国天然气产业发展战略时必须以低碳理念为指导原则，将低碳经济的发展和天然气产业的发展结合起来，制定的战略必须同时满足产业自身和低碳经济两方面发展的需求，使之相互促进，共同发展，实现双赢的效果。

（2）低碳经济为中国天然气产业发展带来的一个突出机遇——天然气需求增加，因此在制定天然气发展战略时必须紧紧抓住"天然气需求增加"这一点，再结合"中国天然气利用结构不合理、利用程度有限"等以及低碳经济为天然气产业发展提供的"多元用途挖掘、市场开拓"的机遇，在制定战略时应该主要从完善天然气利用结构、挖掘多元用途、培育天然气市场方面考虑。

（3）低碳经济下中国天然气产业面临的一个突出挑战——供需矛盾剧增。为了抓住低碳经济下天然气需求大幅度上升的机遇，中国天然气产业在制定战略时必须围绕"提高天然气供应"这一点，并结合中国天然气产业的现状"非常规天然气资源储量丰富，非常规天然气开发技术限制，地理位置优越，进口可以多元化"等，主要从以下几方面努力：继续加强国内常规天然气开发，加强技术攻关，加强非常规天然气的开发，充分利用地理位置优势，展开能源外交，进口多元化。

（4）低碳经济下天然气产业面临的一个重大的竞争对手就是新能源产业，虽然在现阶段新能源由于利用上的技术限制还不能形成商业化的条件，进行大规模的开发利用，还只能充当中国能源舞台上的配角，但其发展势头强劲，是低碳经济下天然气产业发展的强有力的竞争对手。因此，中国天然气产业要充分利用目前这段机遇期，在新能源时期到来之前充分发展，建立起稳固的网络体系，形成完善的机遇设施，利用机遇期将潜力充分挖掘和发挥出来，建立起人们稳定的消费习惯。

（5）虽然低碳经济下中国天然气产业面临着发展的大机遇，但在发展过程中还面临着许多问题和挑战，如定价机制不合理、地下储气库建设不足、管网不完善等，这些都严重阻碍了中国天然气产业前进的步伐，因此在制定战略时必须高度重视，主要从以下几方面展开：完善定价机制，完善基础设施（主要是管网和天然气储备机制建设）；最后，在制定战略时还要充分考虑到政府的优惠政策和法律支持等。

6.2.2 低碳经济下中国天然气产业发展的战略目标

以低碳理念为指导加强低碳经济的宣传,努力提高天然气的市场需求,尤其是城市居民用气和发电方面的需求,努力开拓天然气市场,并努力提高天然气的供应,争取使天然气成为中国的主打能源,进而优化能源结构,实现低碳经济的发展和天然气工业的发展相互促进,达到双赢的效果。

6.2.3 低碳经济下中国天然气产业发展的战略方针

(1)抓住低碳经济提供的各种机遇,以国内资源的勘探开发为主并辅以国外天然气资源,充分利用两个市场、两种资源。

低碳经济为中国天然气产业的发展提供了巨大的舞台,其中最为突出的一个表现就是,低碳经济提高了低碳能源天然气的能源地位,天然气的市场需求大幅度增加。对于天然气产业来说,天然气是其主打产品,产品需求大幅增加就能带动产业的迅速发展,因此中国天然气产业要加大天然气的供应,抓住低碳经济的时代机遇快速发展,第一步就是加大天然气的勘探开发,增加其供应。就目前阶段而言,只靠国产天然气并不能满足天然气的消费需求,因此在以国内天然气资源勘探开发为主的基础上,还要加大天然气的进口,充分利用国内外两个市场、两种资源来满足中国天然气的市场需求,增加供应,利用需求旺盛期,充分以产品销售带动中国天然气产业发展。

(2)挖掘天然气多元用途,开拓天然气市场。

中国天然气产业发展的一个重要缺陷就是天然气利用结构不合理,天然气的利用主要集中在燃料用气和化工方面,许多重要的利用方面都没能得到充分挖掘和开拓。低碳经济提高了天然气的能源地位,具有广阔的发展前景,在趋利政策的引导下,必定会有许多的资金、技术、人员流入,因此应充分利用这个机会,挖掘天然气的多元用途,在增加新的经济增长点的同时,也使中国天然气的消费结构更加合理。

(3)政府加强引导和提供法律法规支持和优惠政策。

中国政府已经把低碳经济的发展上升到了战略的高度,在这种背景下相当于把低碳能源天然气的发展上升到战略的高度,促进低碳经济发展的很多优惠政策同样适应于中国的天然气产业,但这只是从侧面反映出来的,要想促进天然气产业的发展,进而推动中国低碳经济的发展,必须进一步加强低碳经济下天然气产业发展的专门立法工作和明确的政府优惠政策,只有这样才能更好地给予其发展的激励作用。另外,低碳经济下天然气产业发展前景广阔,必定有很多中小企业涌入,如果立法不规范,必定会引起一定程度的混乱,因此加强政府引导和立法,使中国天然气的发展从一开始就走上规范的道路,从而实现长远发展。

（4）充分发挥市场机制作用,实现资源的优化配置。

中国政府的宏观调控在中国的市场经济发展中起到重要作用,但政府的宏观调控有时相对滞后,会限制中国市场经济的发展。低碳经济下中国天然气产业面临的一个重要挑战就是价格问题凸显,严重制约了中国天然气产业的发展,追根溯源就是政府干预过多,因此要减少政府干预充分发挥市场对价格的调节作用,实现资源的优化配置。

6.2.4 低碳经济下中国天然气产业发展的战略任务

（1）努力提高天然气的市场需求,争取使天然气消费量在中国一次能源消费结构中比例到 2030 年达到 15%。

依据:低碳经济下中国天然气产业大发展的重要指标就是天然气消费量不断增加,2012 年中国天然气消费量在一次能源结构中的比例为 5.4%,近 10 年来中国天然气消费保持了年均 16.1% 的增长率水平,随着低碳意识的增强,其增长率也会有很大程度的提升,因此到 2023 年实现 15% 的消费比例是可行的。

（2）加强城市管网建设,争取到 2020 年使城市居民生活用气代替煤气,实现大中城市气化[74]。

低碳经济下天然气的利用结构将更加合理,其中城市居民生活用气消费量很大。中国人口众多,因此城市居民用气这块市场很大,加强管网建设,用天然气取代城市煤气。在天然气分割这块巨大市场的同时,也会促进中国天然气产业的快速发展,到 2030 年争取实现大中城市气化,然后再向周边城市、城镇、乡村辐射,由点到面实现全民生活用气,促进低碳经济的大发展。

6.2.5 低碳经济下中国天然气产业发展的战略重点

（1）加大中国非常规天然气的开发,并做好甲烷处理工作,为天然气产业的发展提供保障。

依据:中国非常规天然气储量丰富,但因为技术限制没有得到大规模利用,从另一方面说明非常规天然气具有广阔的开发前景,所以中国天然气工业要加大对其的技术投入和研发,以缓解低碳经济下日益紧张的供需矛盾。另外,在加大对天然气的勘探开发中,要特别加强对甲烷的处理,否则天然气的环境效益将大打折扣。

(2)完善天然气定价机制,协调好各种天然气的价格关系。

依据:低碳经济下中国不完善的价格机制已成为天然气产业发展的主要障碍,因此要想中国天然气产业抓住低碳经济提供的机遇快速发展,就必须完善中国的定价机制,为天然气产业的发展扫除障碍。

(3)加强城市管网、地下储气库、进口LNG接收站等基础设施的建设,为天然气产业的发展创造便利的基础条件。

依据:"要想富想修路",基础设施完善才能促进产业发展的顺利进行,近年来中国天然气产业的基础设施不断完善,但还存在许多不完善之处,需要进一步加强,为产业发展提供坚实的基础。

(4)加大城市生活用气和发电用气比重,优化天然气利用结构。

依据:过去中国天然气的利用结构极不合理,随着低碳经济的发展,城市生活用气比重大增,天然气利用结构逐渐完善,同时中国要借鉴发达国家的经验,加大发电用气的比重,进一步优化中国的天然气利用结构,从而促进中国天然气产业更广阔的发展。

6.2.6 低碳经济下中国天然气产业发展的战略步骤

在2030年前,中国天然气产业的发展大致分为以下几步:

(1)从现在到2020年,进一步完善中国的市场机制,充分发挥市场在价格制定中的作用,实现国内与国际市场天然气价格的接轨。

(2)从现在到2020年,继续加强低碳经济的舆论宣传,基本实现两个转变:一是人们对能源消费观念的转变,在综合考虑的基础上以低碳能源——天然气为主,以低成本的常规能源为辅,使低碳能源消费成为一种习惯。二是完成中国天然气产业内部低碳体系的建立,低碳行为成为员工自觉行为,实现产业在低碳基础上追求利润最大化。

(3)从现在到2020年,加强中国非常规天然气的技术研发。通过自主和合作,形成中国非常规天然气低成本开发技术体系,实现致密砂岩气、煤层气、页岩气的大规模开发利用。同时要继续加强中国常规天然气的勘探开发力度,两类天然气勘探开发密切配合,提高国内天然气供应能力,努力降低天然气供应缺口。

(4)2020—2030年,继续开展能源外交,增加中国天然气进口渠道,实现天然气进口的多元化,在天然气进口的过程中充分重视LNG进口,争取到2030年LNG的进口比重达到50%左右。

(5)从现在到2030年,继续加强天然气管网建设,结合全国天然气干线管网,以中心城市天然气管网建设为突破口,由点到面逐层铺开,争取实现全国所有城市天然气管网的连通。加强LNG接收站及基础设施建设,完善天然气储备机制,实现生产储备、商业储备和国家战略储备的密切配合,保障中国能源供应安全[75]。

6.3 小结

根据SWOT分析的结果,低碳经济下中国天然气产业具有一定的优势,也具有一定的劣势。其优势包括:资源丰富,发展潜力大;天然气资源环保性强,与替代能源相比具有明显的价格优势,较为安全,用途广泛。劣势包括:天然气资源分布不均衡,资源勘探开发难度较大,管网等基础设施薄弱,储备制度尚不完善,消费结构不合理,供不应求,需求严重依赖进口,消费者不成熟。同时,中国天然气产业也面临着一定的发展机遇和威胁。其发展机遇包括:国际资源供应充足,天然气需求旺盛,非常规天然气开采为天然气供给增长提供新的动力,天然气管网等基础设施建设日趋完善,资金及技术的进入将推动天然气产业的发展,能源政策优化天然气产业发展环境。竞争威胁包括:外部环境影响,制约竞争力的提升,替代品带来的威胁,天然气法律法规尚不健全,监管体系尚不健全。

基于SWOT分析的结果,中国天然产业在制定气发展战略的时候需要考虑既有利于天然气产业的发展,又要符合低碳经济的要求,以天然气需求增加、供需矛盾突出、新能源的产业竞争作为主要问题,不断完善天然气利用结构、挖掘多元用途、培育天然气市场;增加供给量,充分利用机遇期形成稳固的市场体系。总之,中国天然气产业的发展战略实施应以低碳理念为指导,加强低碳经济的宣传,努力提高天然气的市场需求和供应量,有重点、有步骤地进行。

第7章 低碳经济下中国天然气产业发展战略选择

低碳经济为中国天然气产业的发展提供了巨大的发展机会,天然气市场需求不断增强,中国天然气产业要想抓住这个机遇,必须选择合适的发展战略。

7.1 中国天然气产业的成长战略

所谓成长战略,就是企业通过把握外界的有利机会,发挥自身的优势资源,制定合适的战略方针,以达到企业快速成长和预定的目标[76],最初的成长战略是从企业的层次提出来的。产业的成长战略,是指一个产业迎接机遇和挑战,利用外界的机会,发挥产业的优势,制定合适的产业成长战略措施,以实现产业快速成长的目标。根据企业的成长战略模式,产业的成长战略也可以分为集中性成长、一体化成长、多元化成长战略和国际经营成长战略。

进入 21 世纪,中国天然气产业受到政府的高度重视,政府相继出台了很多有利于中国天然气产业发展的政策。随着勘探开发技术的提高,天然气产量也明显提高,进而被应用到很多新领域。中国天然气产业将迎来一个快速的发展时期,但是同时它也面临着严峻的挑战,这种挑战一方面来自本身存在的制约因素,另一方面来自替代能源带来的威胁。通过对中国天然气产业进行 SWOT 分析,得出了中国天然气产业面临的内部优势、劣势条件,以及来自外界环境的机会与威胁,根据内外部分析结果,中国天然气产业实行多元化成长战略是必然的选择。国家《天然气发展"十二五"规划》也提出了天然气产业多元化发展的战略思想。由于中国常规天然气储量有限、管网建设落后、产业链发展不平衡等原因,天然气产业链上中下游实施多元化战略能够在一定程度上解决中国现阶段的供需紧张问题,加快天然气基础设施建设的速度,使天然气产业链得到平衡发展。因此,结合中国天然气产业的发展现状,中国天然气的成长战略可以从 3 个方面实施:一是天然气投资多元化;二是天然气输气气源多元化;三是天然气消费结构多元化。

7.1.1 天然气投资多元化

中国现在无论是理论投资,还是管道建设投资,大多是政府投资,政府投资不利于中国天然气产业的市场化运作及发展。因此,中国天然气产业要取得长远发展,有必要引进民间资本和外资,促进天然气投资的多元化。投资多元化一方面可解决中国天然气开发的资金压力,另一方面能够在一定程度上形成多元化的竞争格局,降低天然气投资对国有资金的依赖,促进天然气市场的有效运行。天然气投资多元化主要体现在投资主体的多元化以及融资渠道的多元化两个方面。

(1)天然气投资主体的多元化。中国天然气要取得长远发展,必须改变目前国有投资的局面,实现天然气投资主体的多元化。中国政府应该进一步放宽天然气投融资的准入限制,鼓励民间资本进入法律未明确禁入的领域,鼓励境外资本依照法律法规和外商投资政策参与天然气的投资,推进天然气基础设施建设的多元化;允许符合条件的非国有资本进入天然气投资领域,推动竞争性投资开发机制的建立,规范流通市场秩序,推动天然气产业的良性发展。

(2)推动天然气融资渠道的多元化。对于天然气的开发,可以通过公开的融资方式,建立多元化的融资渠道。同时,为了降低天然气融资的风险,国家可以组织设立上规模的民营企业风险保障基金。由国家财政提供配套的起步资金,然后按照一定比例提取上规模民营企业的年度经营利润,从多个渠道吸纳社会的资本,形成多元化的融资局面。

7.1.2 天然气气源多元化

保障天然气气源多元化,要充分利用好国内外两种资源、两个市场。在国内除了要做好常规天然气和非常规天然气的勘探开发外,同时还要大力发展LNG,LNG具有重要的调峰作用;面向国外要保障天然气进口气源地和进口渠道的多元化,保障中国的供气安全;与国外开展多种形式的天然气合作。

7.1.2.1 立足国内资源,加强常规天然气及非常规天然气的开发

(1)加大常规天然气的勘探开发。

低碳经济为中国天然气产业的发展提供了巨大的发展机会,天然气市场需求不断增强,中国天然气产业要想抓住这个机遇,首先就必须保障市场需求,提

供源源不断的天然气供应,这样加强勘探开发、增加探明储量和产量就成了中国天然气产业抓机遇促发展的基础。因此扩大市场供应、满足市场需求,从而促进天然气产业发展的第一步就应该立足国内天然气资源,加大对常规天然气的勘探开发[77]。

第一,加强理论研究及科技投入。加强地质理论的研究,充分了解中国天然气藏的地质特点。同时,继续加大科技投入、加强技术攻关和引进先进技术,依靠科技提高勘探和开发水平。在不断增强天然气产业的理论水平和技术水平的基础上加大对中国大型气田的勘探开发,但由于中国中小型气田比较多,在以大型气田为主的同时,要注意兼顾中小型气田,争取做到大中小并举,不断增加天然气的探明储量和产量。

第二,注重加强低成本、高效益的开发。在加大资金和技术投入全力进行天然气的勘探开发时,要时时谨记低碳经济的要求,做到低成本、高效益即低碳勘探开发天然气。要想达到低碳经济的要求,必须树立一个理念即勘探开发一体化理念,掌握勘探开发的节奏。具体做法是:勘探评价和开发评价紧密结合,同时满足探明储量和开发利用的要求,对于没有市场要求和管网布局的地区,待探明储量形成规模后再进行产能建设。在这种理念的指导下,既能掌握和加快勘探开发节奏,满足低碳经济下不断高涨的市场需求,从而促进天然气产业的发展,即抓住了低碳经济带来的发展机遇,又能达到低成本、高效益的低碳经济发展的要求,反过来促进低碳经济的发展,从而达到双赢的结果。

第三,注意对甲烷的捕捉。在加大对中国常规天然气的勘探开发过程中,还要特别注意对开采过程中所泄漏的甲烷的捕捉。在探测和开发气井过程中,会有接近7.9%的甲烷被排放出来,而甲烷是一种比二氧化碳热效控制更高的温室气体,其威力达到二氧化碳的20倍,因此在加大勘探开发的过程中要特别关注对排放的甲烷的处理;否则,天然气的环境效益将大打折扣,丧失其发展的机遇。在对甲烷的处理和捕捉中,可以借鉴美国的做法:采用"绿色完备"技术和开发专门的项目对甲烷进行捕捉和处理。

(2)加大技术攻关,加快非常规天然气的勘探开发。

非常规油气作为重要的战略接替能源,其高效开发是缓解中国油气资源短缺、保障国家能源安全、实现天然气气源多元化的重要举措。对于中国来说,加大对非常规天然气的开发,其资源量和储量已经不是考虑的主要问题,关键是其开发技术,因为非常规天然气的开发难度很大,若不能掌握低成本开发技术,其勘探开发的阻力将很大,不能成为中国常规天然气的有利补充。目前,中国的非常规天然气开发的是致密砂岩气、煤层气和页岩气,其他的尚未开发。在致密砂岩气方面,中国已经掌握了关键主体技术,走在了世界前列;对于煤层气,中国已初步形成了勘探开发的配套技术;对于页岩气的开发利用还处于起步阶段。由此可见,中国必须加强对非常规天然气开发利用的技术攻关,才能大规模开发利用资源量丰富的非常规天然气[78]。因此,中国天然气产业必须加强技术攻关,掌握低成本开发技术,才能促进自身的开发动力,抓住低碳经济提供的发展机遇,同时又因符合低碳经济发展的要求,反过来促进了低碳经济的发展,达到一箭双雕的效果。要促进中国非常规天然气的开发,掌握先进的开发技术,需要注意以下几个方面的问题:

首先,进一步分析常规天然气与非常规天然气的区别,收集各类非常规天然气井的数据资料、综合地质、井型特点和邻井施工情况,从施工安全、施工质量、钻井速度等多个方面,对影响天然气开发的因素进行分析,注重非常规天然气开发中的安全、质量、进度3个方面的协调管理,保障非常规天然气开发的进程。

其次,借鉴中国常规天然气的勘探开发技术,进行移植改造,并利用天然气产业已有的管道、网络、调峰设施、市场等一切基础设施,从而大大降低成本,增加利润空间。

最后,借鉴国外非常规天然气的开发利用技术,尤其是美国的开发利用技术。美国在非常规天然气的开发利用方面拥有多项低成本技术,并形成了完善的技术体系,因此中国天然气产业可以加强与美国在非常规天然气方面的合作,引进其先进的低成本技术,并结合中国的实际情况进行改造,形成符合中国非常规天然气开发利用的低成本技术体系。

(3)加大合作力度,增强"人造天然气"的生产。

中国的煤炭资源丰富,煤炭在中国一次能源消费结构中的比例一直高达70%。虽然低碳经济发展将低碳能源天然气置于战略能源的地位,未来几年天然气的需求会大大增加,据有关资料预测,到2020年其比重在一次能源消费结构中会增长到10%,10%的比重与之前煤炭70%的比重相比,其分量太轻,所以说在短期内煤炭的比例不会出现大幅度降低,更不用说完全依靠中国天然气产业提供的天然气来满足中国的能源消费需求。就煤炭和天然气本身的性质来说,煤炭产业是高碳产业,天然气产业是低碳产业,两个产业处在两端似乎没有太大的联系,但"人造天然气"技术却将两个产业联系在一起。"人造天然气"技术是指将煤炭通过一定的技术手段转化成天然气,这样既提高了天然气的供应源,降低了天然气的需求缺口,同时也净化了煤炭,对于天然气产业和煤炭产业来说,都是有利可图的。因此,中国天然气产业应加强与煤炭产业的合作,增加天然气供应,同时强强联合增强了中国能源产业的国际竞争力。

目前,中国煤制天然气技术已经非常成熟,其项目也已经纷纷建立,煤制天然气技术中最具发展前景的是地下气化技术。与煤制天然气其他技术相比,地下气化技术更具有环境效益。中国天然气产业要加大对煤制天然气的投资,尤其是地下气化技术,不断增加"人造天然气"的产量。同时,为了促进"人造天然气"更好地生产与利用,中国天然气产业要为其做好以下工作:一是做好天然气和"人造天然气"的统筹开发利用工作,主要包括两者如何互补和接替;二是充分利用天然气产业已有的基础设施为"人造天然气"利用服务,如为了实现低成本输送,中国天然气产业应该充分利用已有的天然气管网与煤气管网互联,从而达到既实现能源互济又节约成本的效果[79]。

7.1.2.2 促进天然气进口气源地多元化

中国现在主要是从土库曼斯坦、澳大利亚、印度尼西亚等国家进口天然气,进口渠道比较单一。2014年,中国进口天然气总量为583亿立方米(42870634吨),其中来自土库曼斯坦的天然气占进口总量的43.72%,LNG主要来自澳大利亚。促进进口气源多元化,需要从3个方面进行:

(1)大力引进俄气。根据《BP世界能源统计年鉴》,2014年俄罗斯天然气探明储量为32.6万亿立方米,位居世界第二,中国仅为3.5万亿立方米,俄罗斯天然气探明储量是中国的9倍。俄罗斯2014年天然气的开采量为5877亿立方米,仅次于美国,位居世界第二。可见,俄罗斯是世界上天然气储量和产量都很丰富的国家,并且,中国与俄罗斯天然气宝库西伯利亚还有着漫长边境线的地缘关系。然而,中国引进俄罗斯天然气的工作却经过了20多年的漫长历程。2009年初"俄乌斗气",俄罗斯总理普京表示,俄罗斯今后出口天然气重点考虑亚洲和北美,这才使中国引进俄罗斯天然气的时机成熟。2011年,中国从俄罗斯进口LNG 3亿立方米,还没有管道气。2014年5月,中国石油与俄罗斯签订了 4000 亿美元的合作协议,旨在开通西伯利亚管线,并同意在 2018 年以后每年输送 380 亿立方米的天然气到中国。2014 年 11 月,中国石油与俄罗斯天然气工业股份公司(以下简称俄气公司)签署中俄西线天然气管道框架协议,确定俄气公司每年将通过中俄西线天然气管道向中国提供多至 300 亿立方米天然气,供气期限同样为 30 年。2015 年,由于价格方面存在分歧,俄气公司与中国石油无限期推迟签署"西伯利亚力量 –2"(原称"阿尔泰线")天然气管道合同。因此,在未来,中国需要进一步加强与俄罗斯的合作,达成合作共赢的协议,促进中国从俄罗斯进口天然气量的增加。

(2)稳定引进中亚土库曼斯坦的天然气。土库曼斯坦的天然气探明储量也很丰富,2014 年底的探明储量是 17.5 万亿立方米,远远高于中国的 3.1 万亿立方米。2009 年,中国—中亚天然气管道开始向中国输气,2014 年中国管道天然气 90% 的进口量来自土库曼斯坦,进口量是 255 亿立方米,将近中国进口天然气的一半。因此,稳定来自土库曼斯坦的进口气源是一项重要工作。

(3)加快发展从海上进口 LNG 的工作,中国广东省每年从澳大利亚进口 300 万吨天然气,上海、山东、天津、大连等多个城市也在进行引进外国天然气 300 万吨的建设工作。因此,加快海上进口 LNG 业务是十分必要的。

引进俄气的艰难历程,让我们充分认识到能源对一个国家经济发展的巨大推动力。在全球经济一体化的今天,哪个国家有充足的能源并且能够持续、安全地供应,哪个国家的经济就会呈现出持续、稳定、快速发展的趋势。由于中国人口众多,能源储量相对较少,并且缺乏优质的能源,在能源问题上,中国处于不利地位。中国在引进天然气问题上,要综合考虑政治、经济、社会文化等因素,站在全局、战略的高度,才能突破技术、经济的视角,取得重大突破。目前,中国引进国外天然气的工作已经取得重大进展,海上引进澳大利亚的 LNG 输送至广州,陆上引进中亚土库曼斯坦的天然气到上海、广州、深圳等地区。中国引进天然气战略的多元化还需要进一步巩固,因此需要进一步加强天然气进口资源的多元化。实现天然气进口资源的多元化,需要实施以下对策:

(1)促进与国外天然气合作多元化,需要国家在经济、政治、文化等多个领域加强与国外的合作与交流,进而促进能源的合作。

第一,开展能源外交。中国与相关国家的能源外交日益增多,这对加强与国外天然气合作有着极其重要的作用,因为有一些天然气合作的谈判,仅仅依靠油气公司很难取得实质性的进展,只有开展国家政府层面的外交活动,才能取得成功。

第二,加强与天然气国家多领域的交流与合作。加强与天然气国家多领域的交流与合作,增进理解与信任。中国与国外开展能源合作,首先要加强与国外政府的协调和磋商,建立起政治互信和共识,打消"中国威胁论"影响。另外,还要加强在经济、文化、领域的交流与合作,促进中外经济的发展和文化繁荣。通过多层次、多领域的交流与合作,增进双方的互信,会有力地推动中外天然气的合作。

(2)从企业层面,不仅要提高天然气进口量,还要积极投资国外天然气项目。目前,中国与国外天然气的合作方式主要是单一的进口,由于受国际政治、经济、战争等因素的影响,单一进口方式不利于中国能源供应的安全,而且成本也比较高。鉴于此,中国需要加强与气源地在天然气上游勘探开发领域的合作,这样可以降低成本,保障供气的安全,并且在一定程度上掌握主动权。

7.1.3 天然气消费结构多元化

与世界天然气发达国家相比,中国现在产业链发展不平衡,表现为天然气消费结构不合理,从第2章的分析可以看出,中国城镇居民用气所占比重仍然比较大,工业用气比重虽然有所下降,但是仍然远远高于世界5%的平均水平。因此,中国天然气消费结构需要进一步优化。根据中国新颁布的《天然气利用政策》,国家将优化天然气消费结构,促进资源的节约使用和提高利用效率。主要是通过提高居民用气,减少高耗能、低附加值的项目来实现天然气消费结构的优化。这种措施另一方面也可以促进价格改革的实行,因为居民用气对价格的提高承受力相对较大,而那些高耗能、低附加值的项目对价格比较敏感,一旦天然气价格提高,这些项目可能就面临被淘汰的命运。因此,天然气消费结构的优化很大程度上能促进价格改革的实行。

7.1.3.1 大力开拓居民用气和发电市场,优化天然气消费结构

随着低碳经济的发展,居民的低碳理念提高,对低碳能源天然气的需求高涨,中国天然气产业要借助这股高涨的潮流,努力开拓天然气多元市场,进一步提高天然气的市场占有率,促进自身的发展。目前,中国天然气的消费市场得到充分发展的主要是产业燃料市场和化工原料市场,而这两类市场是高能耗市

场,投入过多,既不利于天然气资源的优化配置,又不符合低碳经济的要求,因此应对其进行严格把关。而对于居民用气和发电市场,鉴于其带来的良好环境效益,要大力发展这两个已有的市场,努力提高这两个市场用气的比重,优化中国天然气的消费结构,同时这种调整又有利于降低高能耗项目的投入,提高低能耗环保项目的投入,进而促进低碳经济的发展,实现低碳经济发展和中国天然气产业发展双赢。

第一,大力开拓居民用气市场。首先,在开拓过程中要借鉴国外天然气利用情况,以中心城市居民用气为突破口,进而带动周边城市辐射各城镇乡村,以点带面开发居民用气市场。因为居民用气的改造需要投入大量资金进行配套设施的建设,所以短期内不可能全面开展,要相对集中力量进行中心城市居民用气的改造,逐渐向四周延伸。其次,政府支持引导,政府要制定相关的优惠政策和激励机制,在居民用气建设中给予资金、税收等方面的扶持。另外,在居民用气改造的资金投入中,居民也要承受一部分,因此在一定程度上会削弱其积极性,这就需要在进一步加强低碳理念宣传的同时建立激励机制,如对用煤用户收取污染费等,提高居民用气改造的积极性。再次,进行居民用气安全教育,随着千家万户引进天然气,在其给人们带来方便和环境效益时,也带来了安全隐患,因此中国天然气产业相关部门在为用户接通天然气之前应进行用气安全知识的宣传、普及和教育,使用户提高安全意识、杜绝安全隐患,从而促进中国天然气产业健康发展。最后,做好农村居民用气规划和准备,虽然近几年城镇人口比例上升,但中国农村人口仍占到总人口的一半以上,中国仍是以农村人口为主的国家,并且最近几年农村经济不断发展,农民收入大幅提高,农村居民用气是一个潜在的巨大市场,因此中国天然气产业要做好农村居民用气的规划和准备,在建设天然气管网支线时要兼顾农村,为农村居民用气打好基础。

第二,努力开拓中国天然气发电市场。首先,世界天然气消费以发电利用为主,而且已进入成熟期,因此中国在开拓天然气市场时,可以借鉴国外的经验,减少不必要的成本支出。其次,中国天然气产业要主动加强与电力部门的合作,共同推进天然气发电项目的落实发展[80]。最后,要加强政策的扶持力度,给予天然气发电多方面的优惠措施。天然气发电虽然具有良好的环境意义和社会意义,但就目前中国的实际情况来看,天然气发电成本远远高于煤气发电,在电力市场天然气发电市场竞争力十分缺乏,要想促进其发展,政府必须给予政策上的优惠和倾斜,如政府制定明确的政策将环保成本计入电价[81];对天然气发电厂给予补贴和税收优惠,降低生产成本等。

7.1.3.2 努力开拓培育其他天然气市场,提高产业效益

低碳经济为低碳能源天然气的发展提供了巨大的市场需求,因此中国天然气产业要瞄准这个机会,在以天然气为主打产品的同时,进一步挖掘其衍生产品和其他用途(尤其是在替代其他高碳能源方面的用途),从而不断增加天然气产业的经济效益和社会效益,达到双赢目的。目前,在天然气市场的开拓中,比较有市场前景的主要包括天然气深加工、天然气汽车、天然气空调、天然气热水器等,并展露了其发展的优势。

第一,注重天然气深加工。对天然气中的成分进行深加工可以开发出多种高附加值产品,具有较高的经济效益,对于其他不能进行深加工的组分可以集中处理,浓缩回收,从而使天然气的环境效益更加明显[82]。

第二,增加天然气汽车。随着中国居民收入的增加,对汽车的需求越来越多,汽车市场发展前景良好,因此天然气汽车的发展有着良好的市场前景。另外,汽车用气代替用油,不仅更加环保,而且节省汽车用户的燃料成本,达到了环保与节约的双重效果,因此天然气汽车具有很好的发展前景。

第三,生产其他天然气产品。例如,天然气空调、天然气热水器等市场,也具有巨大的市场发展潜力,要加大对其的开拓发展。

要想大力开拓天然气的这些市场,最关键的就是技术研发,因此中国天然气产业要加大科研投入,引进专业人才,为其提供技术支持,从而加大这些市场的发展,不断开拓天然气利用的新领域。同时,政府要给予政策的支持和优惠引导其开拓发展,尽快完善这些市场中的发展规范,加强监督与管理,引导其从一开始就规范健康发展。当然还有很多方面,需要中国天然气产业分别加大对各市场的调查和研究,从而制定不同的发展战略。

7.2 中国天然气产业的竞争战略

竞争战略又称为商业战略或经营战略,其核心内容是谋求在某一特定市场中维持竞争优势。波特在《竞争战略》一书中将有效的竞争战略定义为:采取

一系列防守性或进攻性的行动,以期在市场中建立起有利的地位,成功地应对5种竞争作用力(新进入者的威胁、客户的议价能力、替代品的威胁、供应商的议价能力及现有竞争者),最终获取超常的投资收益。波特指出,竞争战略是抗击经济风浪的中流砥柱,各产业制定了有效的竞争战略,不论在什么样的经济风浪中都能够屹立不败。杨锡怀指出"竞争战略是在市场中谋求有利的地位,根据决定竞争的各种因素,建立各种持久的地位是竞争战略的主要目的"。综上所述,产业竞争战略是匹配产业资源为获得竞争优势、达到特定目的而设定计划并按计划执行的过程。确定中国天然气的产业竞争战略,首先应该对中国天然气的内外部因素进行评价,分析各种内外部环境对中国天然气的影响,并制定相应的竞争对策。

7.2.1 中国天然气外部因素综合评价

外部因素评价矩阵(EFE矩阵)通过归纳和评价政治、经济、文化、社会、人口、法律、环境、技术以及竞争等方面的信息,确定产业面临的机会和威胁。吴平构建了中国石油资源产业的外部因素评价矩阵[83],陈秀玲构建了中国节电行业的EFE矩阵[84],张成友建立了保定软件产业的EFE矩阵,确定了保定软件产业面临的机会和威胁[85],综上分析,可以利用EFE矩阵确定相应产业面临的机遇和威胁。根据前文对中国天然气进行的SWOT分析,建立中国天然气产业外部环境的EFE矩阵,具体步骤如下(图7.1):

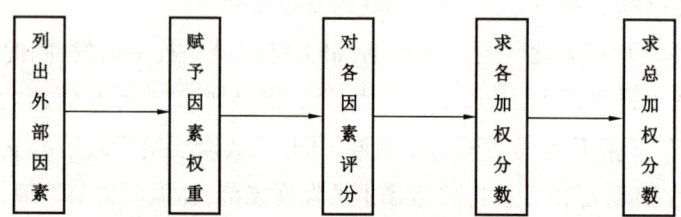

图7.1 EFE矩阵流程图

(1)列出外部因素。外部因素包括影响产业的各种机遇和威胁,因素总数一般在10~20个之间。机会在前、威胁在后,而且列举的机会和威胁应尽量具体,必要时也可以使用比率、百分比和对比数字。根据上面的分析,列出了中国天然气产业一系列的外部因素,听取多方专家意见,对这些因素进行了评价筛选,综合各专家意见,最终确定的关键因素见表7.1。

表 7.1 中国天然气产业关键外部因素

序号	机遇
O_1	国际资源供应充足
O_2	天然气需求旺盛
O_3	非常规天然气开采为天然气供给增长提供新的动力
O_4	天然气管网等基础设施建设日趋完善
O_5	科技进步将推动天然气产业快速发展
O_6	能源政策优化天然气产业发展环境
序号	威胁
T_1	勘探开发及管输设备价格上涨,成本增加
T_2	替代品的威胁
T_3	天然气法律法规尚不健全
T_4	监管体系尚不健全
T_5	天然气价格偏低
T_6	对外依存度逐年增大,能源安全问题日益突出
T_7	外国天然气公司纷纷投资于中国天然气市场

（2）为每个因素赋予权重,其数值范围为 0~1.00。权重越大,该因素对本产业越重要。通常机会的权重要大于威胁,但特别严重的威胁因素有时也可以得到较高的权重。所有因素的权重之和为 1。课题研究过程中采用德尔菲法,向有关专家咨询每个关键因素对天然气产业发展的重要性,共发出专家问卷 35 份,收回 29 份,回收率 82.9%,有效问卷 29 份,有效率 100%。

（3）根据产业现行战略对各个关键外部因素的有效反应程度为各关键外部因素打分,评分范围为 1~4 分,其中"1"代表反应很差,"2"代表反应为平均水平,"3"代表反应超过平均水平,"4"则代表反应很好。根据各位专家的评分及意见,计算各关键因素的权重及评分,建立中国天然气产业的 EFE 矩阵(表 7.2)。

（4）计算各因素的加权分数,计算公式为:各因素的权重乘以它的评分。

（5）计算总加权分数,计算公式为:所有因素的加权分数之和。总加权分数最低为 1.0,最高为 4.0,平均总加权分数为 2.5。总加权分数为 4.0 表明该产业对现有机会与威胁都做出了最出色的反应。而总加权分数为 1.0 则恰好相反。具体计算结果见表 7.2。

表 7.2　中国天然气产业 EFE 矩阵

序号	机遇	权重	评分	加权分数
O_1	国际资源供应充足	0.07	3	0.21
O_2	天然气需求旺盛	0.14	4	0.56
O_3	非常规天然气开采为天然气供给增长提供新的动力	0.08	3	0.24
O_4	天然气管网等基础设施建设日趋完善	0.10	3	0.30
O_5	科技进步将推动天然气产业快速发展	0.09	2	0.18
O_6	能源政策优化天然气产业发展环境	0.08	3	0.24
	小计	0.56		1.73
序号	威胁	权重	评分	加权分数
T_1	勘探开发及管输设备价格上涨,成本增加	0.03	2	0.06
T_2	替代品的威胁	0.14	4	0.56
T_3	天然气法律法规尚不健全	0.04	2	0.08
T_4	监管体系尚不健全	0.04	2	0.08
T_5	天然气价格偏低	0.10	3	0.30
T_6	对外依存度逐年增大,能源安全问题日益突出	0.06	3	0.18
T_7	外国天然气公司纷纷投资中国天然气市场	0.03	2	0.06
	小计	0.44		1.32
	总计	1		3.05

从表 7.2 可以看出,中国天然气产业的外部因素总加权得分为 3.05,大于平均值 2.5,说明中国天然气产业一定程度上可以抓住外部机遇,抵制外部威胁。

7.2.2 中国天然气内部因素综合评价

内部因素评价矩阵（Internal Factor Evaluation Matrix），是一种对产业内部因素进行分析的工具，通过内部因素评价矩阵，产业可以将其面临的优势与劣势汇总，分析自身的全部内部能力。吴平（2007）构建了中国石油资源产业的内部因素评价矩阵，陈秀玲（2007）构建了中国节电行业的IFE矩阵，张成友（2005）建立了保定软件产业的IFE矩阵，确定了保定软件产业的优势和劣势，综上分析，可以利用IFE矩阵确定产业内部优势和劣势。建立IFE矩阵的步骤如下：

（1）列出内部环境分析过程中确定的内部因素。内部因素包括优势和劣势两个方面，因素总数一般在10～20个之间。优势在前、劣势在后，而且列举的优势和劣势应尽量具体，必要时也可以使用比率、百分比和对比数字。根据前文的分析，列出了一系列的内部因素，听取多方专家意见，对这些因素进行了评价筛选，综合各专家意见，最终确定的关键因素见表7.3。

表7.3 中国天然气产业关键内部因素

序号	优势
S_1	中国天然气资源丰富，发展潜力大
S_2	天然气环保性强
S_3	天然气与替代能源相比具有明显的价格优势
S_4	天然气较为安全
S_5	天然气用途广泛
序号	劣势
W_1	中国天然气资源分布不均衡
W_2	中国天然气资源勘探开发难度较大
W_3	天然气管网等基础设施薄弱
W_4	天然气储备制度尚不完善
W_5	天然气消费结构不合理
W_6	天然气供需缺口逐年加大
W_7	消费者不成熟

（2）为每个因素赋予权重,其数值范围为0~1.00。权重越大,该因素对本产业越重要。所有因素的权重之和为1。根据产业现行战略对各个关键内部因素的有效反应程度为各关键内部因素打分,评分范围为1~4分,其中"4"代表重要优势,"3"代表次要优势,"2"代表次要弱点,"1"代表重要弱点。根据各位专家的评分及意见,计算各关键因素的权重及评分,并建立中国天然气产业的IFE矩阵(表7.4)。

表7.4 中国天然气产业 IFE 矩阵

序号	优势	权重	评分	加权分数
S_1	中国天然气资源丰富,发展潜力大	0.11	3	0.33
S_2	天然气环保性强	0.10	4	0.40
S_3	天然气与替代能源相比具有明显的价格优势	0.14	4	0.56
S_4	天然气较为安全	0.05	3	0.15
S_5	天然气用途广泛	0.07	3	0.21
	小计	0.47		1.65
序号	劣势	权重	评分	加权分数
W_1	中国天然气资源分布不均衡	0.05	2	0.10
W_2	中国天然气资源勘探开发难度较大	0.04	2	0.08
W_3	天然气管网等基础设施薄弱	0.11	1	0.11
W_4	天然气储备制度尚不完善	0.11	1	0.11
W_5	天然气消费结构不合理	0.06	2	0.12
W_6	天然气供需缺口逐年加大	0.12	1	0.12
W_7	消费者不成熟	0.04	2	0.08
	小计	0.53		0.72
	总计	1		2.37

（3）计算各因素的加权分数,计算公式为:各内部因素的权重乘以自身评分。计算总加权分数,计算公式为:所有因素的加权分数之和。总加权分数最低为1.0,最高为4.0,平均总加权分数为2.5。总加权分数大于2.5,表明产业内部状况处于优势,总加权分数低于2.5,表明产业内部状况处于劣势。

中国天然气产业的外部因素总加权得分为2.37,小于平均值2.5,但优势加权分数 1.65 大于劣势加权分数 0.72,说明中国天然气产业一定程度上可以把握优势,抵御劣势。

7.2.3 中国天然气产业的竞争战略选择

对于中国天然气产业的竞争战略备选方案有:5 个 SO 战略方案,3 个 WO 战略方案,3 个 ST 战略方案,2 个 WT 战略方案。目前,需要通过四维平面坐标系和 QSPM 矩阵分析得出中国天然气产业竞争战略。

根据上述中国天然气产业的内外部因素评价矩阵中优势、劣势、机遇及威胁的加权分数,可以得出中国天然气产业的四维平面坐标系,如图 7.2 所示。

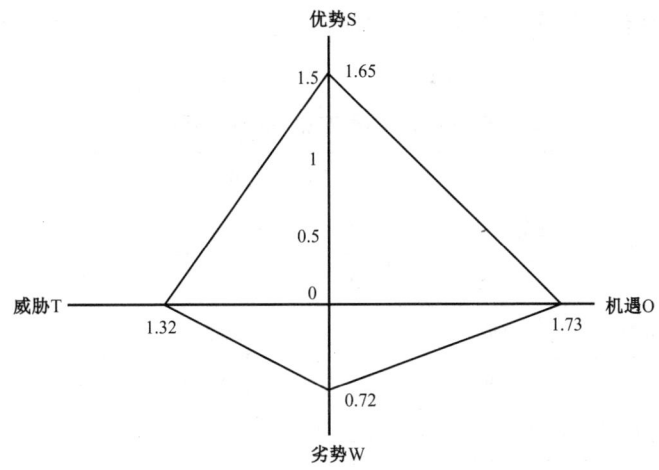

图 7.2 中国天然气产业的四半维平面坐标系

由图 7.2 可知,中国天然气产业的四维平面坐标系重心落在第一象限,即中国天然气产业具有明显的内部优势和外部机会反应能力,说明:对中国天然气产业来说,SO 战略是最佳战略组合。中国天然气产业具体应选择哪几个竞争战略,还必须运用 QSPM 矩阵对 5 个备选战略进行排序。

QSPM 矩阵,即定量战略计划矩阵,利用 QSPM 矩阵能够确定备选战略的优先顺序,是进行战略选择的有效工具。吴平(2007)构建了中国石油资源产业的 QSPM 矩阵,陈秀玲(2007)利用 QSPM 矩阵对中国节电行业备选战略进行了定量分析,张成友(2005)利用 QSPM 矩阵对保定软件产业发展战略备选方案进行了评价,综上分析,QSPM 矩阵可以确定产业竞争战略备选方案的优先顺序,具体步骤如下:

（1）在QSPM矩阵左栏列出产业的关键内部优势及劣势、外部的机遇及威胁。

（2）根据内外部因素评价矩阵,为内外部关键因素赋权。

（3）利用德尔菲法确定AS,即吸引力分数,并运用数值来衡量备选战略的相对吸引力。其中,4表示很有吸引力;3表示有相当吸引力;2表示有一些吸引力;1表示没有吸引力。

（4）计算吸引力总分(TAS)。TAS等于吸引力分数乘以权重。吸引力总分越高,战略的吸引力就越大。

（5）计算吸引力总分和(STAS)。吸引力总分和由吸引力总分加总而得。吸引力总分和越高,相应的战略吸引力就越大。

根据分析,利用德尔菲法确定中国天然气产业的QSPM矩阵(表7.5)。

表7.5 中国天然气产业QSPM矩阵

关键因素		权重	积极发展型战略(SO)									
			SO_1		SO_2		SO_3		SO_4		SO_5	
			AS	TAS	AS	TAS	AS	TAS	AS	TAS	AS	TAS
外部机会	O_1	0.07	1	0.07	3	0.21	4	0.28	1	0.07	3	0.21
	O_2	0.14	4	0.56	4	0.56	4	0.56	3	0.42	3	0.42
	O_3	0.08	3	0.24	3	0.24	1	0.08	2	0.16	1	0.08
	O_4	0.10	3	0.3	3	0.3	2	0.2	1	0.1	3	0.3
	O_5	0.09	3	0.27	3	0.27	1	0.09	4	0.36	1	0.09
	O_6	0.08	3	0.24	4	0.32	2	0.16	1	0.08	4	0.32
外部威胁	T_1	0.03	1	0.03	2	0.06	1	0.03	1	0.03	1	0.03
	T_2	0.14	4	0.56	4	0.56	2	0.28	1	0.14	1	0.14
	T_3	0.04	2	0.08	2	0.08	2	0.08	1	0.04	4	0.16
	T_4	0.04	2	0.08	2	0.08	2	0.08	1	0.04	4	0.16
	T_5	0.10	3	0.3	4	0.4	1	0.1	1	0.1	1	0.1
	T_6	0.06	2	0.12	2	0.12	4	0.24	1	0.06	2	0.12
	T_7	0.03	4	0.12	4	0.12	3	0.09	1	0.03	2	0.06

续表

关键因素		权重	积极发展型战略(SO)									
			SO_1		SO_2		SO_3		SO_4		SO_5	
			AS	TAS	AS	TAS	AS	TAS	AS	TAS	AS	TAS
内部优势	S_1	0.11	3	0.33	3	0.33	1	0.11	3	0.33	3	0.33
	S_2	0.10	3	0.3	4	0.4	1	0.1	1	0.1	3	0.3
	S_3	0.14	4	0.56	4	0.56	1	0.14	1	0.14	2	0.28
	S_4	0.05	3	0.15	4	0.2	1	0.05	1	0.05	3	0.15
	S_5	0.07	3	0.21	4	0.28	1	0.07	1	0.07	2	0.14
内部劣势	W_1	0.05	1	0.05	2	0.1	1	0.05	2	0.1	1	0.05
	W_2	0.04	2	0.08	2	0.08	2	0.08	4	0.16	3	0.12
	W_3	0.11	2	0.22	2	0.22	1	0.11	1	0.11	2	0.22
	W_4	0.11	2	0.22	2	0.22	1	0.12	1	0.12	2	0.22
	W_5	0.06	4	0.24	4	0.24	2	0.12	3	0.18	2	0.12
	W_6	0.12	2	0.24	2	0.24	4	0.48	4	0.48	2	0.24
	W_7	0.04	3	0.12	3	0.12	1	0.04	1	0.04	3	0.12
总分				5.69		6.31		3.74		3.51		4.48

由表7.5可知,排名第一的战略为SO_2,得分为6.31。因此,中国天然气产业优先采取的竞争战略为成本领先战略。

随着科学技术的进步和发展,天然气勘探开发设施日益完备,生产效率大幅提高,施工作业成本和操作成本逐渐降低;中国天然气产业正处于快速发展时期,多数气田正处于成本下降期;天然气是一种优质、高效、清洁能源,政府为扶持天然气产业的快速发展,给予天然气公司及用户相应的税收优惠及补助,天然气开发及利用成本相对降低。通过以上分析可以得出,中国天然气产业可以实施成本领先战略,为保证成本领先战略的贯彻落实,中国天然气产业需要实施全过程成本控制。

7.3 小结

根据中国天然气产业内外部环境的分析结果,中国天然气产业一定程度上可以把握优势、抵御劣势,抓住机遇、抵御威胁。低碳经济下中国天然气产业需要选择多元化成长战略及成本领先的竞争战略。多元化成长战略就是要充分利用低碳经济的机会,发挥天然气产业的优势,通过实施投资多元化、气源多元化及消费结构多元化,达到产业快速成长的目标。具体来说,就是要放宽天然气投融资的准入限制,鼓励更多的投资主体进入天然气市场,拓宽天然气融资渠道,实现融资渠道的多元化,充分利用国内外两种资源,加强国内常规以及非常规天然气的勘探开发,注重国际合作;大力开拓居民用气和发电市场,优化天然气消费结构,努力开拓培育其他天然气市场,提高产业效益。成本领先的竞争战略是要求中国天然气产业要不断降低成本,实施全过程的成本控制。

第8章　低碳经济下中国天然气产业发展战略实施对策

低碳经济下,中国天然气产业的战略实施需要采取一定措施,从基础设施建设、价格改革、成本控制以及低碳行动等方面确保多元化成长战略及成本领先竞争战略的执行。

8.1　加强储运基础设施建设

对于天然气产业来说,其基础设施主要包括天然气管网、地下储气库、LNG接收站、配套调峰及应急储备设施等,基础设施完善与否直接影响天然气产业的发展速度和进程,促进天然气产业发展的前提就是基础设施的建设。如果基础设施落后,天然气就无法从产地运出去(尤其像中国这种产地和市场分布不均的情况),过剩的天然气就无法储存,无法在需求不同季节进行调节控制等,从而造成天然气不能保持持续稳定安全供应,极大阻碍天然气产业的发展,因此要想促进天然气产业的发展,就要坚持"要想富先修路"理念,不断加强完善天然气产业的基础设施建设。虽然近几年来中国天然气基础设施建设取得了很大的进展,但是仍不能满足中国天然气产业的发展速度,尤其是低碳经济的推行为天然气产业提供了更快的发展速度、更广的应用市场,天然气的需求供应会越来越大,应用范围会越来越广,涉及社会的方方面面,深入家家户户,需要更完备、更健全的基础设施给予发展上的基础支持,因此中国天然气产业要想抓住低碳经济提供的机遇获得更大的发展,必须在原有基础设施上进一步加大投资和建设力度,为其提供强有力的物质支撑。低碳经济下,中国天然气要持续发展需要加快天然气管道、储气库以及LNG接收站建设,为中国天然气的发展提供基础。

8.1.1　加快天然气管道建设

天然气的输送方式如果将LPG和LNG的运输考虑在内的话,方式是多样的,涵盖了陆海多方位运输。除了管道运输这个主要的方式外,还包括海上远洋运输、陆上道路运输、瓶装运输等,其中 LPG 和 LNG 主要是通过后者运输。只有天然气管网达到跨国、跨区域建设,使得资源地和消费地连为一体,中国的天然气产业和市场才能快速发展。

8.1.1.1 中国"十三五"管道建设目标

"十二五"期间累计建成干线管道 2.14 万千米,累计建成液化天然气(LNG)接收站 9 座,新增 LNG 接收能力 2770 万吨/年,累计建成地下储气库 7 座,新增工作气量 37 亿立方米。截至 2015 年底,全国干线管道总里程达到 6.4 万千米,一次输气能力约 2800 亿立方米/年,天然气主干管网已覆盖除西藏外全部省份,建成 LNG 接收站 12 座,LNG 接收能力达到 4380 万吨/年,储罐罐容 500 万立方米,建成地下储气库 18 座,工作气量 55 亿立方米。全国城镇天然气管网里程达到 43 万千米,用气人口 3.3 亿人,天然气发电装机 5700 万千瓦,建成压缩天然气/液化天然气(CNG/LNG)加气站 6500 座,船用 LNG 加注站 13 座。"十三五"期间天然气管道及储气设施建设任务艰巨,协调难度加大。随着城镇化率逐年提高,城镇范围不断扩大,管道建设运行过程中与城乡规划的矛盾时有发生,管道占压情况比较严重,第三方破坏、损伤现象突出,管道安全风险加大。根据《天然气"十三五"规划》的内容,"十三五"期间,管道建设的主要目标包括三个方面:第一,完善四大进口通道,西北战略通道重点建设西气东输三线(中段)、四线、五线,做好中亚 D 线建设工作,东北战略通道重点建设中俄东线天然气管道,西南战略通道重点建设中缅天然气管道向云南、贵州、广西、四川等地供气支线,海上进口通道重点加快 LNG 接收站配套管网建设;第二,提高干线管输能力,加快向京津冀地区供气管道建设,增强华北区域供气和调峰能力,完善沿长江经济带天然气管网布局,提高国家主干管道向长江中游城市群供气能力,根据市场需求增长安排干线管道增输工程,提高干线管道输送能力;第三,加强区域管网和互联互通管道建设,进一步完善主要消费区域干线管道、省内输配气管网系统,加强省际联络线建设,提高管道网络化程度,加快城镇燃气管网建设,建设地下储气库、煤层气、页岩气、煤制气配套外输管道,强化主干管道互联互通,逐步形成联系畅通、运行灵活、安全可靠的主干管网系统[86]。

低碳经济的发展大大开拓了天然气的应用市场,尤其是居民用气市场,中国是一个拥有接近 14 亿人口的大国,因此居民用气市场的发展前景十分广阔,充分开拓这一市场将极大促进中国天然气产业的发展。要想开拓居民用气市场,必须具备配套的管网及相关的配套设施,虽然近几年中国天然气管网建设取得了重大的成就,国家骨干管网已经形成了"横跨东西、纵横南北、连通海外"的格局,但省内管网建设,尤其是居民用气管网建设发展仍然滞后,不能充分支持居民用气市场的开拓力度,因此中国天然气产业要加大投资力度,加强居民用气管网及配套设施建设。为了开拓居民用气市场,促进中国天然气产业大发展而加强居民用气管网建设时,特别需要注意的是不能一手抓、全面开展,要有重点分阶段进行,因为管网建设是高耗资项目,需要投入大量的资金,不具有全面展开的现实性,所以要有重点分阶段地推进,可以借鉴资本主义国家的做法,以中心城市管网建设为突破口先加强城市管网建设,然后以点带面逐步向周边城市和城镇乡村扩展,推动居民用气管网建设。因此,目前阶段要将资金、精力等集中到城市管网和配套设施的建设中。另外,需要注意的是,管网建设属公共服务设施,需要大量的资金投入,仅依靠中国天然气产业自身的资金投入是远远不够的,需要政府和社会的大力支持,政府要给予财税上的优惠政策、银行对其的专项贷款、外资的引进等。最后,在加强管网建设时还要特别注意管网自然垄断性强,在其垄断领域要加强监管力度,以防止滥用垄断权危害消费者的利益,同时要充分放开非自然垄断领域,建立公开准入机制,从而引进竞争,加快管网的建设步伐。

8.1.1.2 加强天然气管道建设的措施

(1)加大政府对天然气管道建设的投资。天然气长输管道和配气管网建设需要巨额的原始投资,国家需要在政策上给予支持,吸引投资者在天然气基础设施的建设上投资。从全球范围看,世界上天然气发展较好的国家有美国、俄罗斯、英国、法国等,这些国家的政府对天然气基础设施的建设很重视,并且对天然气管输企业有很多政策支持。从中国国情看,中国天然气市场供需矛盾极其突出,解决这种矛盾就需要对管道运输大量投资。政府应该在税收、融资方面对天然气管道建设项目给予一定的政策支持。

(2)放开管网建设,鼓励多方投资。早在2000年,朱镕基总理就提出了"天然气管道建设需要大量的资金。中国政府欢迎国内外的投资者,尤其是海外投资者,参与这一项目的建设"。朱镕基称,投资者可以进行投资、控股和管理。现在,中国的城市管网建设普遍是由各个地方的政府垄断经营,导致管网建设资金不足,发展速度缓慢等。中国政府需要放开天然气管网建设,鼓励企业个人投资和国外投资。这样能较好地解决中国天然气管网建设资金不足问题,提高管网质量,加快技术创新。

8.1.2 加快天然气储气库建设

中国巨大的天然气消费量及密集的管网迫切需要利用大型储气库进行调峰。目前,国际上储气库储气量占总消费量的比重在10%左右,而中国仅为3%。储气库建设需要与天然气管网建设同步。由于天然气的生产地一般不在工业、城市密集地区,并且市场对天然气的需求有一定的季节性,夏季往往是天然气需求的淡季,冬季是旺季,因此,做好天然气的储备工作对解决天然气供应的调峰功能有重要作用。天然气储备主要包括地下储气库、LNG储备及气田储备等,天然气储备机制主要是为了保障天然气供应持续性、应对突发事故、平抑天然气价格的剧烈波动,维护市场稳定,保障天然气的安全平稳供应。加强天然气储气库建设具有重要意义:首先,这几年中国出现的"气荒"现象,除了天然气需求迅速增长,国产和进口天然气不足外,一个重要的原因就是中国天然气储备设施建设不足,尤其是地下储气库群缺乏,不能在天然气供应短缺时充分发挥天然气储备的应急作用,从而导致了"气荒"现象频发,引起市场的混乱,不利于社会稳定。其次,天然气需求具有明显的季节性,消费连续性差,存在着消费旺季和淡季,对天然气的消费需求不平衡,如果没有相应的天然气储备的话,要么引起以上提过的"气荒"现象,要么造成天然气资源的严重浪费。最后,低碳经济下天然气的需求会进一步增加,为了弥补国内天然气需求缺口,天然气的进口量会大量增加,如果没有建立完善的天然气储备机制,一旦海外天然气供应中断,则无法立即进行资源的调配补充,将造成国内市场的混乱,影响中国天然气产业的健康发展。另外,建立完善天然气储备机制,尤其是储气库群的建设,拥有充足的天然气储备量,可以减少中国对外天然气的高度依赖,避免受制于人,保持中国天然气产业发展的独立性。因此,建立天然气储备机制,对中国天然气产业独立稳定发展至关重要,只有天然气产业保持独立,才能更加主动灵活地抓住低碳经济发展带来的机遇,促进自身的发展。

中国要加快天然气储气库建设,需要采取以下几方面的具体措施:

(1)借鉴西方发达国家建设天然气储备的经验,采取多种方式加快中国天然气储气库建设。根据中国的实际情况,应该采取以生产储备为主、以商业储备为辅的模式,并逐渐建立国家战略储备,其中生产储备主要是对不均衡需求加以调节,进行调峰,而商业储备充分发挥了市场机制的作用,不仅达到盈利的目的,而且对市场的天然气资源进行了优化配置,建立国家战略储备主要是从长远角度进行考虑,主要是为了保障战争期间的天然气需求,防患于未然[87]。

(2)根据中国的天然气运营管理的实际情况,建立适合中国天然气产业发展的储气库管理模式。借鉴发达国家的储气库管理经验及中国的基本情况,中国可以采用三层管理模式:最上层为国家天然气储备办公室,主要负责制定天然气储气库的战略发展规划,从中国天然气整体情况出发,制定相关的发展战略及指导方针;中间层为国家天然气储备管理中心,其主要职能为负责执行国家天然气储备办公室的基本战略规划,并起到中间协调的作用;最下层即为储气公司。根据中国天然气发展的实际情况,应该主要由三大石油公司作为储气公司,同时积极鼓励运营商、投资机构等进行储气库建设。

(3)促进中国储气库技术的研究,为储气库建设提供技术保障。根据目前中国储气库建设的实际需求,中国天然气产业的发展需要突破以下几方面的技术难题:首先是储气库选址、设计以及储气库施工技术,应该积极寻求与国外具有较高资质的公司进行合作,提升中国天然气储气库建设的设计、施工技术,保障储气库选址、设计的科学性以及施工的安全性;其次,枯竭油气藏改建地下储气库技术,应该针对中国不同油气藏的地质条件,在方案设计以及施工技术等方面进行认真的探索,充分分析原有油气藏的特点进行储气库改建;再次,开发盐穴储气库建设技术,针对选址、区块的评价以及稳定性分析等要素进行分析和研究,确保储气库建设的安全性;最后,在含水层建库技术方面,应针对不同的地质条件进行深入研究。总之,中国天然气储气库建设应根据中国天然气发展的实际情况,充分借鉴国外先进的技术和管理经验,不断开拓中国天然气储气库建设的新模式。

(4)重视天然气储备的相关立法。加快中国天然气储气库建设,应该具有相关立法作为基本的管理制度和方法,对储气库进行管理和约束。因此,中国应该在完善天然气产业相关法律的过程中重视天然气储气库相关的立法。具体来说,中国政府应该借鉴国外的天然气储气法的相关内容,制定中国天然气储备的立法,立法的主要内容应该明确:储气库的主体、目标的确定;天然气储备的实施步骤;负责以及监督管理的结构;管理办法等;同时,还应该明确中国政府对天然气储备的鼓励和支持政策,包括储备设施建设的财政支持、优惠贷款政策和税收减免政策;规定天然气供应紧急情况下天然气储备的管理办法,包括天然气储备的监管措施及天然气储备的动用和销售方式。

8.1.3 加快 LNG 接收站的建设

为了满足低碳经济下高涨的天然气需求,中国需要大量进口天然气,在中国进口的天然气中主要有两种类型,即进口管道天然气和LNG,虽然LNG的比重还远低于进口管道天然气的比重,不过近几年LNG保持了较高的增长势头,在未来的天然气进口趋势中,LNG将赶超进口管道天然气。因此,中国要加强与进口LNG相配套的接收站的建设,以促进LNG的大量进口,保障中国天然气能源的供应,从而促进中国天然气产业稳定发展。虽然近年来中国LNG接收站的建设已取得一定的进展,但与美国、日本相比还不到他们的一半,因此中国要加快建设LNG接收站的步伐。中国LNG接收站建设应该充分借鉴美国和日本的先进经验,加快LNG建设的步伐,同时规范LNG接收站的管理。

(1)LNG接收站建设时在充分考虑中国各地方的实际情况,进行合理的选址和设计,进行理性规划。中国各个地方地形、海岸线及海水温度等地域特点差别较大,因此,中国的LNG接收站设计必须要充分考虑各个地方的实际情况,使之符合中国能源配置状况,从而充分发挥能源补充作用。

(2)引入风险管理机制。LNG接收站建设周期一般较长,而且影响其建设的因素较多,资金投入较多,因此导致LNG接收站建设的风险较高。中国的LNG接收站建设应该借鉴美国和日本的做法,美国的LNG接收站建设主要是由私人公司和上市公司来完成,日本主要是由电力公司完成,这样就可以减少政府投资,降低投资风险。因此,中国的LNG建设应该改变目前的单纯国有制的现状,引入投资公司或银行等,建立完善的风险管理机制。

(3)进一步完善LNG建设相关的法律、法规。西方发达国家在LNG建设方面都有完善的法律法规,可以依据法律法规对LNG建设进行审批和监督,但是中国现在LNG相关的法律法规很少,而且基本都是试行或者是翻译版本,这使得中国LNG接收站建设及管理缺乏相关的法律依据,管理规范性较差。

(4)积极学习西方国家先进的LNG接收站建设的技术和经验。美国和日本在LNG设备及技术方面发展较早,已经掌握了先进的技术和经验,尤其是日本对世界各国LNG的发展做了详细的了解,包括中国的LNG接收站建设、LNG的海外购买等也做了深入的调查研究[88]。因此,中国应该积极向美国和日本学习先进的经验,加强LNG的研究工作。

8.2 积极稳妥地推进天然气价格改革

8.2.1 中国天然气定价机制设想

目前,中国天然气定价机制尚有许多不合理的地方,如何构建新的天然气定价机制,促进竞争性天然气市场的形成,对于确保中国进口天然气的稳定,保证中国对天然气的消费需求,维护中国能源安全具有深刻意义。

如图 8.1 所示,中国新天然气价格定价机制的基本原理是:第一,选取合理的替代能源种类,以其市场价格为基础确定门站基准价格;第二,以门站基准价格减掉管输费得到出厂价格基准价格,协调企业开发成本,确定最终出厂价;第三,以门站基准价格为基础,加上综合考虑了各类用户负担系数的配气费用,确定终端销售价格。其中,城市门站价格的确定十分关键,需要考虑市场竞争、季节性、替代能源等诸多因素。

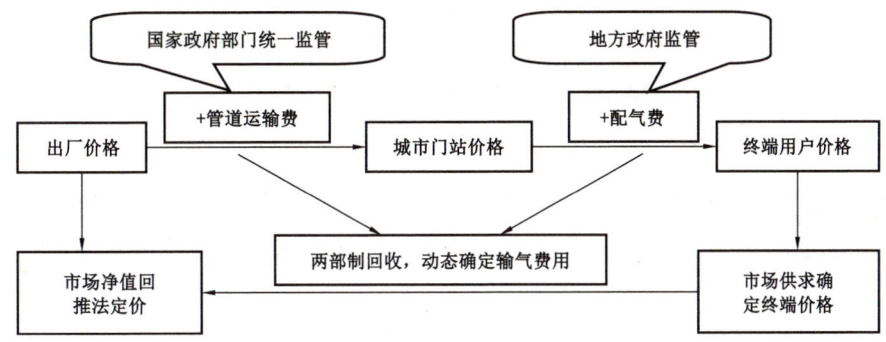

图 8.1　中国天然气定价机制设想

各种价格之间的关系可由图 8.2 表示。

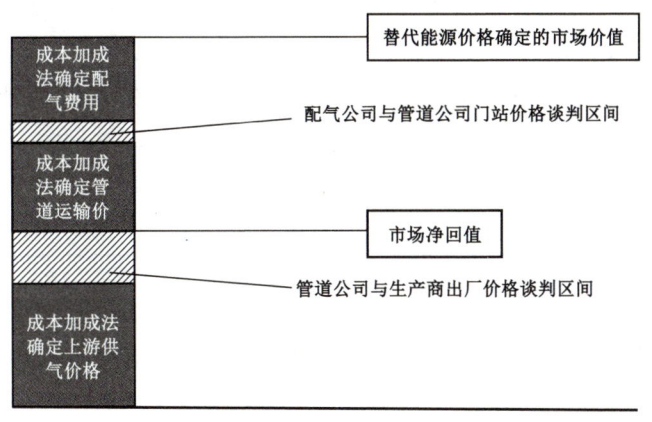

图 8.2　天然气各种价格相关图

价格改革不能急功近利,价改过快会造成很多负面影响。首先,价格改革涉及很多方面,包括权力、竞争、监管等,是一个系统工程。这些改革不可能一蹴而就,必须经过长时间的准备工作,必须有完备的善后措施作为改革的保障。

其次,放开价格必然导致价格至少在短期内的过快增长,必然会影响国民正常的生产生活活动,甚至引发社会动荡,危害社会稳定,例如,能源价格的升高可能会使一大批高能耗的企业由于无法转向节能型企业而被淘汰。再次,中国现行的定价机制由来已久,不可避免地形成了各种利益集团,价格改革必然影响到部分利益集团,导致阻挠行为的产生,为价格改革带来一定的阻碍。因此,价格改革是一个长期的过程,需要经过十几年,甚至几十年的不懈努力。故在此,我们只能设想一个近期价格改革的方案,缓解价格机制不完善带来的比较迫切的问题。

8.2.1.1 推行市场净回值定价法

市场净回值定价法是制定天然气出厂价的一种方法,其具体做法是根据市场上各种替代能源的加权价格倒推天然气出厂价。天然气产业发展初期,由于生产企业较少,而且勘探开发成本低,采用市场净回值定价方法能够使天然气出厂价与生产成本之间形成较大的经济剩余,天然气生产企业能够获得超额利润(图8.3)。如果采用成本加成定价方法,则在一定程度上降低了厂商的经济收益,使其收益转移到管道公司和终端用户,这样能够使得天然气各个环节的利益分配更加科学合理,同时能够鼓励管道建设以及刺激消费需求,有利于促进天然气市场的发展。随着天然气产业的不断发展,勘探开发成本升高,经济剩余逐渐变小,由成本加成确定的价格与市场净回值的价格接近,厂商的利润空间缩小,导致其生产积极性降低,不利于天然气市场的发展。因此,这种情况下使用市场净回值定价方法既能提高生产厂商的积极性,又能刺激市场需求。

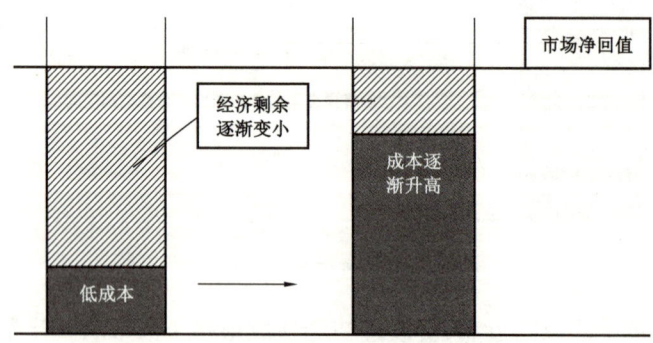

图 8.3 成本和经济剩余的变化

天然气市场净回值方法可以用公式表示：

$$P = P_0 \times \theta \tag{8.1}$$

式中，P_0 为与替代能源确定的基准价格；θ 为调整指数，可以是简单调整，例如取燃料油的价格或官方公布的零售价格指数，也可以是取多种指数的复杂调整，包括各种替代燃料的市场价格、季节性调整指数等。

复杂的指数化调整公式变为：

$$P = P_0 \times (\alpha\theta_1 + \beta\theta_2 + \cdots + \lambda\theta_n) \tag{8.2}$$

式中，α、β、λ 为各种指数所占影响权重。

天然气的使用具有很明显的季节性特征，根据统计，中国山东地区的天然气冬夏峰谷差在 2～5 倍，东北地区在 5 倍以上，而北京地区的天然气冬夏季用气量差距更是达到了十几倍。而作为替代能源的进口燃料油和液化石油气则不具备季节性，鉴于此种区别，按季度对天然气门站价格进行调整是必要的。

8.2.1.2 改善管输费率制定方法，采用"两部制"回收成本

由于管道运输行业具有垄断性的特点，在市场价值定价下，管道商采取垄断定价策略，管道运输价格若超出了管道公司的合理供气成本，则会获得巨大的边际利润，影响用户用气的积极性[47]。为此，国外管道运输价格多采用服务成本定价法确定，即根据管道公司向用户提供服务所付出的成本，并加上合理的收益确定管道运输价格。这种方法有助于确保管道公司收费的合理性，也可以兼顾管道公司和用户双方的利益，因此值得引用。英美以及日本采用的"两部制"做法有效考虑了运输距离和风险问题，很好地完成了管道成本的回收，值得中国借鉴。具体的管道运输价格确定步骤如下：

第一，确定服务总成本。

服务总成本的确定必须要弥补管道公司向用户提供服务所付出的全部成本，并包含合理的收益。一般情况下，管道商的服务总成本包括折旧摊销、操作与维护支出、所得税支出、合理的投资收益以及其他纳税支出。

折旧摊销 = 固定资产和无形资产原值 × 折旧摊销率

操作与维护支出则指保持管道公司运输系统正常运行而发生的日常性支出，包括输气作业成本中的辅助材料、燃料动力、工人工资福利等。

所得税支出＝应纳税所得×所得税税率＝企业净利润×所得税税率/（1－所得税税率）＝（投资收益－利息支出）×所得税税率/（1－所得税税率）

投资收益包括债权人的投资收益（即利息支出）和股东的投资收益（即企业净利润）。

投资收益＝费率基础×许可收益率

费率基础＝固定资产和无形资产原值－累计折旧摊销＋运营资本

费率基础代表投资者尚未收回的投资。

其他纳税支出主要指营业税金及附加。

服务总成本可由下列公式确定：

服务总成本＝折旧摊销＋操作与维护支出＋所得税支出＋投资收益＋其他纳税支出

第二，成本分类，将服务总成本分为固定成本和变动成本两部分。固定成本主要包括折旧费、企业所得税、操作与维护费中的固定部分、投资收益以及与这些成本相关的营业税金及附加；变动成本是输气成本中与输气量相关的部分，主要包括操作与维护费用中的变动部分以及与其相关的营业税金及附加。由于管道运输行业属于资本密集型产业，固定成本占了很大比例，为 90%～95%，变动成本仅占一小部分。

第三，成本分配，即将固定成本和变动成本分配给需求成本和商品成本的过程。服务总成本中通过需求费收回的成本即为需求成本，需求费也称为容量费或预订费；通过商品费或是使用费收回的成本为商品成本。完全两部制分配法将变动成本划分为商品成本，全部的固定成本通过需求费收回。这种分配方式提高了管道利用效率、降低了管道经营风险。最后，管道运输价格的计算可由下列公式得出：

容量费＝折旧费＋操作与维护支出中的固定部分＋所得税支出＋投资收益＋其他纳税支出

使用费＝操作与维护支出中的变动部分＋其他纳税支出

管道运价＝容量费＋使用费

第四，收费价格设计。收费价格设计是将成本在不同地区和不同类型用户之间进行分配的过程。变动成本是与运距相关的成本，固定成本中一般性的管理支出与运距无关，一部分与运距相关。为了适应不同用户的需求，管道公司为用户提供不同类型的运输服务,包括固定运输服务和可中断运输服务,价格设计过程中要考虑距离和不同服务类型的差别等相关因素。

8.2.1.3 两部制确定配气费用

终端销售价格中,配气费所占的比例很高,在全国天然气价格链构成水平中,出厂价格占45%,管道运输费用占25%,而城市配气费占了30%。配气费过高抑制了天然气的需求。许多城市收取高额的接驳费,大多在2600元以上,甚至高达5000元,占了配气成本的很大比例。接驳费设立的初衷是为城市燃气工程筹措经费,促进城市燃气市场的发展,其产生有中国特定的历史条件,接驳费的征收在城市管道燃气发展初期,起到了补偿固定成本的作用,并为城市燃气基础设施建设筹措了大量的资金,为城市管道燃气市场的推广和开拓起到了积极的作用[39]。但是随着城市管道燃气的发展,接驳费在一定程度上抑制了消费者的积极性。由于接驳费弥补的是输气管道的固定成本,可以仿照输气管道的费用征收模式对城市配气费用采用"两部制"回收。

首先确定配气公司的服务总成本,包括天然气的购气费用,操作与维护支出,折旧与摊销支出,所得税及其他税项支出,合理收益。然后对成本进行分类。配气成本分类可以包括与需求相关的成本、与商品相关的成本、与用户相关的成本和与收入相关的成本。其中,与用户相关的成本主要是服务性的成本,例如用户账目管理、信息管理等。与收入相关的成本主要是指随销售额变化的诸如增值税、营业税等成本。

由于用户种类差异,成本的分配也要根据用户的特点来确定。通常与商品相关的成本和与用户、收入相关的成本较易量化且数据容易取得,其分配比较容易。而与需求量相关的费用则需要根据用户对系统不同的容量需求来确定。采用两部制方法可得配气价格如下:

容量费 = 折旧与摊销 + 操作与维护支出中的固定部分 + 所得税支出 + 投资收益 + 其他纳税支出 + 其他固定成本

其他固定成本主要是与为用户提供服务相关的固定成本。

使用费 = 购气成本 + 操作与维护支出中的变动部分 + 其他纳税支出 + 与用户和收入相关的变动成本

具体的分配比例和调整系数根据用户分别确定。

配气费用 = 容量费 + 使用费

8.2.1.4 差别定价策略确定终端价格

天然气由城市门站运送到最终用户,形成了终端价格,这也是配气成本分配的最终结果。不同类型用户的需求特点不同,对配气的要求不同,因此应当实施差别费率[89]。

(1)居民用户定价。

居民用户价格 = 月基本费 + 使用费 = 月基本费 + 用气量 × 单价

月基本费旨在回收相关的固定成本;使用费收回变动性成本,其中单价可以按照用气量大小采取阶段定价,类似于所得税的超额累进税率,但是用气量越大,费率越低,越有利于促进用户对天然气的消费需求。

(2)商业用户定价。

商业用户价格 = 月基本费 + 使用费 = 月基本费 + 用气量 × 单价

商业用户和居民用户用气模式基本一致,但是商业用户的需求量更大,因此在制定分段定价时段数要更多。

(3)工业用户定价。

发电用户可视为工业用户。工业用户的需求量较大,配气管道的建设容量往往考虑的是工业用户用气容量,因此工业用户的定价可以直接套用两部制。

工业用户价格 = 容量费 + 使用费

由于工业用户有转向替代能源的可能性,市场需求弹性大,为了增强天然气的竞争,应根据天然气的市场价值适时调整使用费的费率。

目前,中国工业用户的天然气价格较高,居民用气价格相对较低。一般来说,大型的工业用户和发电厂大多有广泛的可替代能源的来源,需求弹性大,其价格可适当调低;而城市居民用户,采用天然气取暖,没有自己的配气系统且对天然气的需求弹性较小,因此其配气费率可以适当调高。这样既能确保企业成本的回收,又兼顾了不同类型用户负担的不同成本,有效解决了交叉补贴的问题。但是抬高天然气价格会影响居民的正常生活,给居民带来更重的负担,因此政府可以采取一定的居民用气补贴,并推行价格听证会制度,合理确定用气价格。

8.2.1.5 实施管道分级监管制度

政策的实施以及相关部门的活动需要监管部门进行约束。例如,美国建立了联邦能源管制委员会(the Federal Energy Regulatory Commission, FERC),是一个独立管制机构,具体职责包括颁发天然气管线合格证明书,非联邦水利设施许可证,管制天然气、原油和成品油传输管线的费率、电力费率以及电力事业的其他事务。英国也设有天然气与电力监管办公室和垄断兼并委员会。而在中国,参与天然气监管的部门有十余个,包括国家发展和改革委员会、国有资产监督管理委员会、商务部以及国土资源部等,职能多有交叉,不利于资源的合理配置和工作效率的保障。因此从实际运行看,中国还缺乏一个专业、独立、有效的天然气行业监管机构。

目前,中国天然气的监管难点在于管道。由于中国地域广阔,天然气管道分布跨度大,行业监管难度较大,中国天然气产业宜实行中央和地方分级监管制度。中央监管部门负责跨省输气管道的建设运营和监管,制定合理的管输费用基准价格,确定基本的定价机制并确保其顺利实施;地方监管机构需要规范地区天然气的输配送,以及终端价格形成的监管。为了防止中央、地方多级监管造成的多头领导,应该制定统一的监管政策,各地方、各城市可根据当地的具体情况制定相应的制度规范,在统一监管政策的前提下,实施本土化的监管。

总之,完善的天然气价格应该按照以下运行流程(图8.4)进行:

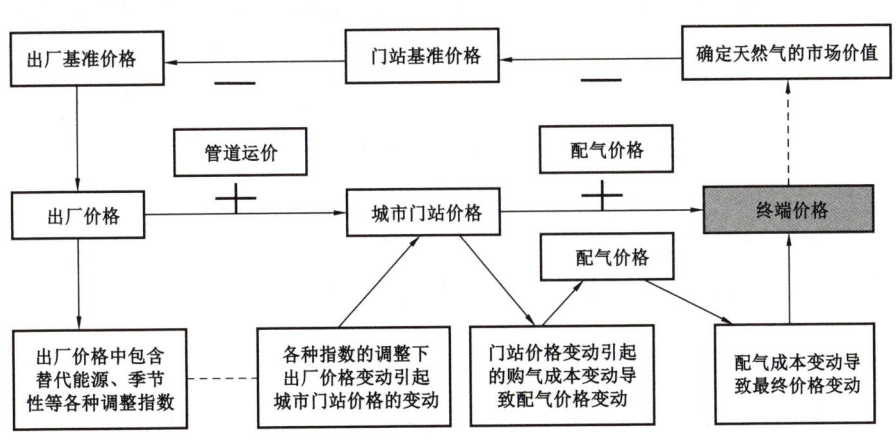

图 8.4 天然气价格运行流程

天然气的市场价值减去配气成本确定基准城市门站价格,基准城市门站价格减去管道运输费用得到基准出厂价格,基准出厂价格经调整后得到出厂价格。在市场运行过程中,出厂价格中的调整指数受到市场变动的影响调整出厂价格,出厂价格变动势必导致城市门站价格波动,则配气公司从门站购买天然气的成本也会相应变动,使得最终用户的使用价格发生变动。在此价格运行机制中,市场的变化反映到出厂价格,再通过一系列的联动反映到终端价格。

8.2.2 中国天然气价格改革策略

要实现天然气价格体制改革,必须高度重视天然气价格机制作用,对目前中国的天然气定价机制进行改革完善,发挥市场定价作用,努力实现国内天然气价格与国际市场天然气价格接轨。

8.2.2.1 培育竞争性天然气市场

培育竞争性的天然气市场,形成规范化的天然气市场,是进行价格改革的基础。中国要培育竞争性天然气市场,应该注重3个方面的工作:

首先,逐步放开天然气上游市场。目前,中国天然气上游市场几乎被中国石油、中国海油及中国石化三大石油公司垄断,一家独大现象严重,缺乏适度竞争,政府应考虑降低准入门槛,放松规制,有条件地引入外资及民营资本,逐步放开天然气上游市场。通过市场竞争提高中国天然气产业的勘探开发水平,提高天然气产业生产效率,降低成本,调整中国天然气价格。

其次,加强政府对中游管网的管制。中国应借鉴欧美等发达国家的经验,加大政府对中国中游天然气管网的监管力度,加快天然气管网等基础设施建设的步伐,进一步扩大天然气管网覆盖范围,完善城市储气设施及地下储气库,逐步建立天然气交易市场,促进天然气价格市场化。

最后,加强天然气下游市场的竞争。吸引外资及民营资本进入天然气下游市场,同时,政府应放松对天然气下游市场的规制,适当降低外资及民营资本准入条件,促进下游市场的充分竞争,为天然气价格市场化奠定基础。

8.2.2.2 理顺天然气价格机制

中国天然气的价格改革除了采用前文提到的5种定价方法外,还应该理顺以下关系:

首先,协调天然气与替代能源价格关系。产品价格是由市场供需情况决定的,而市场的需求情况又受到多种因素的影响,其中一个重要的影响因素就是相关商品的价格。相关商品即替代品和互补品,相关产品的价格不仅影响自身的市场需求,也影响其他商品的需求,因此要想制定合理的商品价格,必须将其相关产品的价格考虑在内,只有这样才能达到市场的平衡稳定,进而发挥价格机制对产业企业发展的促进作用。天然气的替代资源种类繁多,而目前国内天然气在定价时,没有考虑与替代产品的关系,天然气价格与其他替代品存在严重的价差,从而导致了市场上对天然气的非理性需求,虽然从某一方面来说,价格低从而促使产品需求增长获得规模效益是市场竞争的一种重要措施,但价差过大的话将引起不良竞争,会导致市场秩序的混乱,危害产业的发展。如果天然气价格比替代品相对低,则有利于提高天然气产业的市场竞争力,提高市场占有率,对中国天然气产业的发展来说是好现象。但如果价差过大,天然气比替代产品的价格低很多的话,就会引起消费者对天然气的过度需求或者说是一种非理性需求,会造成天然气供应严重失衡的后果,而且一旦失衡不利于其替代品及时替代弥补,从而引起市场混乱,不利于社会稳定,因此在对中国的价格机制进行改革完善时,应充分考虑其与替代资源的关系,保障资源市场的平衡稳定。在理顺天然气与替代能源关系时应特别注意,由于替代能源较多,不能以单一的替代能源的成本来确定比价关系,而是综合考虑所有的平均成本,从而确定一个合理的比价关系。这样既有利于消费者对天然气的理性追求,促进天然气产业健康发展,同时又有利于替代资源在天然气供应暂时紧张、短缺时对其补充,从而维护社会的稳定和用户对天然气的需求安全,不至于使用户因天然气供应没有补充等原因造成的不稳定对其不好的预期,从而失去对天然气的消费偏好,从而不利于天然气产业的健康发展。因为目前天然气价格远远低于替代能源的价格,所以在改革时必须要通过一定程度上提高天然气的价格来平衡天然气与替代能源的关系,在这个过程中要坚持以社会稳定为原则,适度调整,不宜提价过高从而使天然气失去市场优势,反而失去了其价格竞争优势,削弱了市场竞争力,从而不利于中国天然气产业的快速发展。

其次,协调国产天然气与进口天然气价格关系。低碳经济下天然气的市场需求会大大提高,在国产天然气不能充分满足市场需求时需要大量进口天然气,在未来几年中国天然气的进口会大幅度增加,为了保障中国天然气的安全与稳定,中国在追求进口天然气的数量时,也提出了进口的多元化,即从多个国家进口天然气,以防止进口的中断,保障中国进口天然气的安全。虽然目前中国天然气的进口每年都有一定幅度的增加,但中国目前的定价机制使国产气价远低于进口气价,严重挫伤了进口商的进口积极性,从长远看不利于中国天然气的大量进口,保障中国的天然气供应。另外,虽然中国天然气进口多元化,但中国天然气价格没有实现与国际天然气价格的接轨,因此没有形成统一的定价方法,不同进口国实行不同的定价方法,随着进口渠道的不断扩展,不仅不利于天然气进口协议的达成,而且需要投入大量的时间、精力等,不利于进口多元化的开展。因此,为了保障中国天然气进口的顺利进行,保障中国天然气供应安全,在中国价格机制改革调整中,应特别重视协调国产天然气与进口天然气的关系,减小价差,实现与国际天然气价格的接轨。由于天然气与石油关系密切,因此人们常常倾向于将天然气的价格与石油的价格联系起来,形成天然气与石油的价格联动机制,而且这两种资源的价格联动机制也普遍被人们接受,再加上中国的石油价格已经实现与国际市场接轨,因此在改革完善中国天然气价格机制逐步实现与国际市场接轨时,人们往往倾向于将国内天然气的价格与国际油价结合起来,建立了天然气与国际油价的挂钩机制。中国也的确对进口的LNG采取了这种价格机制,并采取一定的措施规避市场风险,这种方法的确取得了一定的成效,对促进中国天然气的进口起到了一定的作用。但从长远看,这种机制存在很大的问题,一旦两种资源的基本面出现矛盾,这种机制就会遭到破坏,具有很大的不稳定性。因此,在协调国产天然气与进口天然气价格关系时,应努力实现国产天然气与国际天然气的价格接轨,建立同种资源的价格联动机制,这样不仅能够保持市场基本面的一致,而且能够反映全球的天然气市场需求变化,有利于天然气资源在全球范围的优化配置,同时因为价格相对统一,更能减小中国进口多元化的阻力,有利于中国与出口国达成进口协议,促进进口天然气的进程,不断拓展进口渠道,保障天然气供应安全,促进中国天然气产业的健康稳定发展。另外,由于中国在进口天然气中为了保持天然气的长期供应,往往与出口国签订长期供气合同,因此这里特别要注意的是,要采取各种手段增加合同中天然气价格的灵活性,不要为了追求达成协议的短期利益而保持价格常年不变,从而大大增加进口成本,增加了进口商的负担,从长远看也不利于天然气的大量进口。因此,要通过采取各种措施增加长期合同的灵活性,这样对双方来说都是公平的,而且从根本上说有利于保障双方的共同利益,也有利于双方继续合作[56]。

除了上述措施外,还有许多具体的措施可以进一步完善天然气的价格,促进中国天然气产业的发展,如建立天然气期货市场来规避风险,保障天然气价格的稳定;充分利用财税政策对天然气价格的影响作用,制定促进天然气开发和进口的财税政策;制定有利于引导、鼓励消费者进行天然气合理消费的定价机制,以实现设施的充分利用、降低成本及平衡用气等。当然还有很多措施,要在总的价格机制指导下充分结合各地方、各管线、各渠道来源等实际情况,充分发挥主观能动性,制定具体的价格措施,以促进中国天然气产业健康快速发展。

总之,为了发挥价格机制对中国天然气产业发展的促进作用,为了保障中国天然气的进口,实现进口渠道的多元化,中国天然气产业必须对现有的价格机制进行改革和完善,以市场为主导,并综合考虑与替代资源、国际天然气价格以及成本等诸多要素,以社会稳定为原则,制定合理的天然气定价机制,从而促进中国天然气产业的健康快速发展。

8.3 实施全过程成本控制

8.3.1 提高投资决策的科学性

天然气勘探开发投资较大、风险极大,需谨慎投资。为提高投资决策的正确率,必须切实做好天然气开发的全过程控制,加强天然气开发的组织计划、生产运行以及生产运行曲线的管理,保障天然气投资开发决策过程的科学性,强化对成本的控制。

(1)实施天然气项目的投资管理。在项目前期评估方面,需要科学地预测项目赢利能力及可行性,不达规定效益标准的项目应及时舍弃。在开发投资管理方面,必须正确编制成本预算,优选方案,尽可能减少因失误造成的企业成本增加。

(2)加强天然气开发的组织计划管理。组织计划管理即把天然气开发的重点放在前期的开发准备上,将各种工作量汇总,认真分析各个开发区域的分布。每个天然气开发区域的勘测、开发前的准备、工农关系的协调等都安排专人负责,同时根据不同开发区域的特点,科学合理地制订开发运行计划,提高天然气开发的运行效率,降低不必要的成本。

(3)重视天然气开发过程中的协调工作。低碳经济下,天然气开发的协调工作涵盖的内容较多。第一，在天然气开发过程中重视开发效率与环境保护的协调，天然气开发过程中将会对当地的生态、环境等造成一定的破坏，开发过程中不仅要提高天然气的开发效率，而且要重视环境及生态保护，做到二者的协调，一方面能够降低环境污染治理的成本，另一方面也是促进低碳经济发展的必然要求；第二，组织天然气开发生产，重视不同开发区域工作的协调，例如，坚持超前计划、超前运行、提前预测等，这样能够最大限度地节省时间，提高天然气开发的效率，降低开发成本。

8.3.2 采取扁平化管理模式，降低体制成本

体制成本，就是当前为保证企业各级管理机构、服务机构的正常运转所需投入的成本及生产过程中人力资源投入过多造成的资源浪费统称为体制成本[30]。在现代企业制度下，天然气公司可以采用扁平化管理模式，降低体制成本。扁平化管理模式具有很多优点：首先，扁平化管理模式能够减少管理部门及管理人员的数量，降低管理成本；其次，扁平化管理模式有利于加强企业内部的沟通，利于信息传达，使得基层单位和员工能够更好地执行和贯彻公司的发展战略。中国天然气公司采取扁平化管理模式，应该重视以下几个方面的问题：

（1）做到权责利的统一。天然气集团公司采用扁平化的管理制度需要合理安排子公司的权利、责任和利益，尤其是对子公司的总经理和财务主管等，其能否按照集团公司的要求履行其责任直接关系到集团公司对子公司监督管理的效力。因此，实行扁平化管理模式需要做到权责利的统一，加强对子公司的管理和控制，这是有效实施扁平化管理、降低成本的基础。

（2）加强内部考核，责任要细化。实施扁平化管理模式应该加强对子公司及下属公司的考核，细化责任，内部考核应该体现公平、公正、公平的特点，这样既可以更好地进行成本控制，同时也可以增加内部管理者的考核。

8.3.3 依托电子商务，降低采购成本

作为网络经济的主体，电子商务正以其高效率、低成本的强劲优势，便利、快捷的崭新模式，冲击着传统企业的金融服务方式、产品流通方式及经营模式。电子商务大大降低了管理费用及采购费用，具体表现如下：

（1）网络销售减少了流通环节，大幅降低销售成本，产品价格优惠。

（2）网上交易透明度相应增加，幕后交易相对减少，采购费用降低。

（3）通过招标方式进行采购，供应商之间竞争加强，购买者议价能力增强，商品销售价格相应降低。现阶段，中国天然气公司可以尝试通过电子商务模式，利用网络购买天然气勘探开发及管输设备，降低设备采购成本，结合中国政府提出的"互联网+战略"，积极引入电子商务，降低采购成本。

8.4 摸清家底，形成产业内部低碳

低碳经济的发展为中国天然气产业内部进行优化、重塑核心竞争力提供了契机，中国天然气产业应该抓住这次契机，进行产业内部的改革调整，实现产业内部的优化和低碳，适应低碳经济的发展，同时通过内部低碳经济的发展提高中国天然气产业的竞争能力。中国实施低碳发展，与经济社会可持续发展和构建生态社会的要求相吻合。通过研究可以发现，与其他国家相比，中国的低碳发展相对落后，综合竞争实力不强，迫切需要在低碳发展方面采取措施，有所作为。加快低碳产业链发展，低碳产业链是指在一个产业链的所有过程都缩减能耗、降低排放，实施低碳生产。从研发到钻探，从钻探到运输，从运输到成品销售等一系列整体过程都以低碳为运营标准，使产品做到名副其实的低碳化。在实施低碳产业链过程中，要优化能源使用结构，减少煤炭在燃料消费中的比重，加大天然气的使用比例。

8.4.1 强化低碳意识

低碳意识是发展内部低碳经济的基础，也是中国天然气产业发展低碳经济的先决条件。因此，中国天然气产业首先应该强化企业内部的低碳意识，促进低碳价值观念的树立，确定低碳经济发展目标。

（1）加强低碳文化的宣传培训，提高全员的低碳意识。虽然这几年人们的低碳理念不断上升，但缺少正规培训，认识度不深，因此实践力度也会大打折扣。要构建天然气产业的低碳文化，首先要求天然气生产企业的管理者转变思想意识，将原来单纯追求经济效益的思想转变为追求内部低碳经济的发展，重视生态效益、环境效益和经济效益的协调发展，建立低碳发展战略；其次，对员工进行集中培训，使其深刻认识到低碳的内涵，认识到节能减排的重要性，认识到低碳文化对天然气产业发展的重要性，同时要通过多种渠道、多种形式加强

宣传,使整个产业笼罩在低碳文化的氛围中,使员工无形中形成节能、减排的定性思维。

(2)确定内部低碳经济的发展目标。天然气产业不仅要追求经济收益,同时也要树立低碳经济的发展目标,因此,中国天然气产业必须确定内部低碳经济的发展目标,低碳目标的确定需要加入环境成本及效益的核算。总体来说,中国天然气产业应该树立这样的低碳经济发展目标:经济、社会、环境协调发展;克服技术难关,实施天然气的绿色开发,树立中国天然气产业的低碳形象。

8.4.2 完善低碳经济制度

低碳经济的发展需要在企业内部形成低碳经济相关的规定、政策等作为保障,因此,发展天然气的低碳经济需要进一步完善中国天然气产业的低碳经济制度,为天然气的运行提供制度依据,促进其有效实施。

(1)中国天然气产业应该进一步加快 ISO 14000 环境体系的认证。国外的天然气产业都十分重视国际化标准体系的运用,并且大多数知名公司通过了 ISO 14000d 认证。中国天然气产业要提高其竞争能力,发展低碳经济必须进一步加快 ISO 14000 环境认证,按照其相关要求,保证在天然气的勘探、开发、运输等各个环节都做到低碳环保。

(2)进一步完善 HSE(健康—安全—环保)、QHSE(质量—健康—安全—环保)管理体系。目前,中国大部分天然气企业建立了 HSE 或 QHSE 管理体系,但是很多企业在实际实施过程中还存在一些问题,执行力较差。因此,中国天然气产业应该进一步完善相关管理体系的建立,确保其有效实施。在 HSE 及 QHSE 的运行过程中,要使用 PDCA 循环体系,重视计划—实施—检查—改进 4 个环节,促进该体系的实施,同时加强培训,使员工更好地了解 HSE 管理体系的内容及要求,在日常的生产经营中贯彻落实 HSE 的基本要求。

(3)逐步引入绿色会计和绿色审计制度。尽管中国政府一直倡导使用绿色会计和审计制度,但是这两种制度还一直处于理论阶段,并未真正实施。低碳经济下中国天然气产业要取得长远发展,应该逐步引入绿色会计和绿色审计制度,对天然气产业的效益核算中扣除对资源、环境的破坏及损耗成本,这样才能真正地督促中国天然气产业发展内部低碳经济,促进经济和社会、生态的和谐发展。

(4)建立内部低碳经济的责任约束机制。中国天然气产业要保证内部低碳经济的有效落实，需要在内部建立责任约束机制，将相关责任落实到不同的管理者，充分调动管理者及员工的积极性，建立有效的管理机制。同时，根据低碳经济的目标，对不同的部门及管理者进行考核，对未能完成目标的进行惩罚[90]。

8.4.3 落实低碳行为的实施

低碳经济的发展促使各产业、企业积极进行低碳模式转型，以适应低碳经济发展的要求，同时利用这个机会重塑自身的核心竞争力。在这个过程中除了有低碳意识和低碳制度等软实力的支撑外，还必须要有一些具体的低碳实施措施，从而真正地实现低碳的改革，实现内部低碳，提高综合竞争力。中国天然气产业要发展内部低碳经济，需要落实以下低碳行为：

（1）摸清家底，进行结构调整。在天然气产业推进低碳模式时，应首先对整个产业进行调查摸底，了解整个产业的概况及整个发展态势和在世界天然气产业中所处的位置，并进行相应的技术评估，这些都是进行改革调整之前必须做的重要准备。如果不进行彻底摸底，就无法全面掌握产业各环节各部分的能耗、污染、排放、效益等状况，就无法进行技术评估，从而在改革中就无法有针对、有重点地进行，使改革工作无法顺利高效进行，极大地挫伤了产业将改革调整进行到底的积极性。在对整个产业状况进行摸底和评估之后，就要进行结构的优化调整：优先发展节能高效项目，抑制低效高排项目；整合业务板块，发挥协同效应，减少重复建设、产能过剩和过度竞争等问题；加强环境审核力度，提高准入门槛；实现产业上下游一体化等[91]。

（2）进行技术攻坚，实施清洁生产。科学技术才是第一生产力，低碳技术的创新和应用才能为中国的天然气产业推行低碳模式提供真正的动力，因此必须重视低碳技术的研发和投入。目前中国的低碳技术研发水平相对落后，美国、日本、欧盟等国实施低碳发展比较早，且英国在商业中实施低碳技术研发，可加强同这些国家的技术交流，引进、借鉴低碳发展经验，在中国实现商业化技术创新。加快电力、汽车、交通、冶金、化工、建筑等领域的节能减排，加快新能源和可再生能源替代化石能源的步伐，加强研发减碳技术、无碳技术、去碳技术、二氧化碳捕获埋存等技术，重点实施风力发电、天然气发电等项目。中国天然气产业要实现清洁生产，首先要运用科学的技术方法减少天然气勘探开发过程中对生态的破坏；其次，在天然气企业内部形成循环经济体系，合理规划天然气相关的项目布局,促进不同的业务单元资源之间的资源再回收和利用。

(3)建立健全环保监控系统,加强对污染的治理。中国天然气产业要形成内部低碳经济,应该进一步建立健全环保监控系统,对环境和生态问题进行实时的监控和检测,对于存在的环保隐患及时排除。首先,要进一步完善环境保护应急机制,一旦发生环境或生态问题,应该保证在最短时间内提出解决问题的对策和方案,将环境污染的成本降到最低。其次,对于天然气产业开发过程中造成的环境污染和生态破坏要积极地进行治理,加强对天然气项目的环境评价管理,严格实施清洁生产,淘汰落后的技术和设备,保证天然气开发的效率,降低对环境和生态的破坏。

8.4.4 树立天然气产业的低碳形象

天然气低碳经济发展的另外一项重要内容就是树立天然气产业的低碳公众形象,这将成为天然气产业的重要无形资产,也是中国天然气产业在国际竞争中提升核心竞争能力的重要因素。中国天然气产业要树立低碳形象,需要在国内外的开发项目中积极参与环保活动,重视对当地环境的保护,处理好与当地居民的关系;其次,需要不断宣传天然气产业的低碳行动,倡导公众参与节能减排的低碳经济建设,树立天然气产业的良好公众形象。

总之,中国天然气产业要朝着低碳模式的要求进行改革调整,只有在自身内部结构优化和综合竞争力强的前提下才能更好地把握低碳经济的发展为其带来的诸多方面的机遇,从而才能达到与低碳经济共赢的效果。

8.5 小结

低碳经济下,中国天然气产业要实施成长战略及竞争战略,必须采取以下措施:加快天然气管道、储气库及 LNG 接收站等基础设施建设,为中国天然气产业的发展提供基础;积极稳妥地推进中国天然气价格改革,以市场为主导,并综合考虑替代资源、国际天然气价格及成本等诸多要素,以社会稳定为原则,制定合理的天然气定价机制;实施全过程的成本控制,降低成本,提高投资决策的科学性,采取扁平化的管理模式,降低体制成本,依托电子商务,降低采购成本;摸清家底,形成内部低碳,不断强化低碳意识,完善低碳经济制度,树立天然气产业的低碳形象。

第9章 低碳经济下中国天然气产业发展战略实施的保障措施

低碳经济下中国天然气产业发展战略的实施需要一系列的保障措施,这不仅需要产业内部采取相应的措施,同时也需要政策、人才以及技术的支持。

9.1 建立健全中国天然气法规体系

"十三五"期间,中国天然气产业将进入高速发展时期,为了使天然气产业可持续发展,需要法律法规的规范和引导。健全中国天然气法规体系,一方面要学习国外的立法经验,另一方面要结合自己国家的国情,制定与本国天然气产业发展规律和经济发展规律相适应的法律体系。

9.1.1 国外天然气立法的经验

美国联邦政府早在1938年就颁布了《天然气法》,并设立了对州际运输和贸易监管的专门机构——联邦能源监管委员会(FERC)。20世纪70—80年代,美国天然气产业的市场缺乏效率,这是由于美国联邦政府对井口价实行监管,政府操纵天然气价格扭曲了天然气供应和消费,造成经济错位。美国联邦政府为了扭转这种局面,1978年颁布了《天然气政策法规》,制定了用新的指导性市场批发价格取代FERC定价。1985年,为了响应《天然气政策法规》,FERC发布了部分井口解除管制后对天然气管道公司监管的第436号令。该号令应对了美国天然气产业的经济变化。1989年,美国国会颁布了《天然气井口解除控制法》,这项立法修正了《天然气政策法规》,废除了FERC对所有井口的价格控制。这项立法使美国天然气产业发生了重大变化。FERC为了响应《天然气井口解除控制法》,在1992年4月8日发布了第636号令。该号令又称为美国天然气产业的重建规则。该号令强制要求管道运输网络向第三方开放,打破了管道公司垄断购气、输气和售气的捆绑式服务。美国通过颁布《天然气井口解除控制法》和FERC发布的第636号令,解除对天然气井口价格的控制,强制性要求管道运输公司向第三方开放。美国最终完成了对天然气产业的调整与改革,建立起天然气产业新的价格机制。

总结美国天然气立法的经验,可以看到,美国天然气的立法不仅与美国天然气产业的发展相适应,而且适应了美国的经济发展规律。美国对天然气的立法不是一成不变的,而是在天然气立法不适应经济发展时,适时做出调整。

9.1.2 健全中国天然气立法体系的思路

9.1.2.1 建立独立的天然气监督管理机构

目前,对中国天然气产业进行管理的部门多达数十个,政府监管权责不清、职能失位、相互推诿现象严重,为促进天然气市场健康发展、保证国家利益,中国应借鉴英美等发达国家的天然气产业发展经验,逐步改革中国天然气监管模式,建立专门的天然气监督管理机构。

中国可以借鉴发达国家的经验并依据中国国情,在国家发改委下设立天然气规制委员会,委员会的财务应相对独立并直接对国家发改委负责,委员会各部门成员应富有相关专业经验,且均应采取公开招聘的方式进行选拔。委员会可采取听证制度、程序性审批制度、公示制度及公布仲裁结果等公开透明的方式对天然气产业进行监管。具体而言,中国天然气产业监管体系应由地方天然气监管机构、国家天然气监督机构、国家天然气管理机构及天然气事务协调机构4部分共同构成。地方和中央监管体系相互协调和配合,共同构成中国天然气产业的监管体系。

9.1.2.2 完善天然气产业法律法规,鼓励天然气产业发展

(1)制定和完善促进中国天然气产业的发展政策。

政策是立法的依据,政策集中体现了统治者的意志,而法律又是国家意志的集中体现。中国天然气立法就是要把国家政策以法的形式固定下来。目前,中国对天然气产业的政策发生了重大变化,中国提出了可持续发展的战略方针,调整产业结构,改善能源结构,注重环境保护,降低碳排放量,大力发展清洁能源等政策,尤其是现在把"西气东输"列入重大发展战略,这些都会促进天然气产业的发展。

(2)加强对天然气产业经济发展规律的研究。

经济规律是在一定的经济条件基础上发生作用,是不以人的意志为转移的,并且随着经济条件的变化而变化。中国经济立法就是把客观抽象的规律具体化、规范化、条文化,以法律规范的形式确定下来,使经济法规具有科学性。中国天然气立法要把中国天然气产业的发展规律和经济规律作为天然气产业立法的出发点。近年来,中国天然气产业的发展规律是:天然气需求增加,开采难度增大,资源递减,成本呈上升趋势,天然气产、供、销都是由天然气管网连成一个封闭系统等。这些都是中国天然气产业的立法应该遵循的规律。中国的天然气立法既不能脱离国情,也不能违背市场经济发展的客观规律。

(3)加强对天然气立法的研究。

天然气立法是一个庞大而复杂的工程,涉及社会经济活动的各个方面。深入研究天然气立法,首先要加强天然气产业政策的研究,如国民经济政策、天然气产业发展政策、能源政策、天然气管理政策、天然气消费政策、天然气科技政策等。其次,要加强对天然气社会经济关系和外部环境的研究。天然气经济管理与社会经济活动的各个方面都有广泛的联系,离开这些活动,天然气管理就无法进行。研究外部环境的目的是改善外部环境,使天然气产业在一个公平、公正的环境中发展,改善中国的能源结构。

目前,中国天然气产业上游领域的法规主要体现国家对油气资源的所有权,中下游领域的《石油、天然气管道安全保护条例》及《城市燃气管理办法》等地方性法规较多地关注安全问题。目前,中国天然气产业还没有专门的比较完整的法律法规,完善天然气法律法规体系是天然气产业发展的必然要求。完整的法律体系一般具有一定的层次结构,中国天然气法律体系应以《天然气法》为母法,进而形成层次分明的天然气法律体系(图9.1)。第一层次,从天然气产业发展来看,需要制定一部天然气基本法,即《中华人民共和国天然气法》。第二层次,根据天然气基本法制定天然气管理办法条例。第三层次,根据天然气管理办法条例制定地方天然气管理实施细则[92],例如,地方各级政府应尽可能在规划、融资、用地、收费等方面出台相应的扶持政策,提高城镇居民利用天然气替代煤炭的积极性,加快低碳城市建设的步伐。统筹考虑天然气产地的合理用气需求,边疆及少数民族地区符合条件的天然气项目,可以根据税法的具体规定享有税收优惠政策。

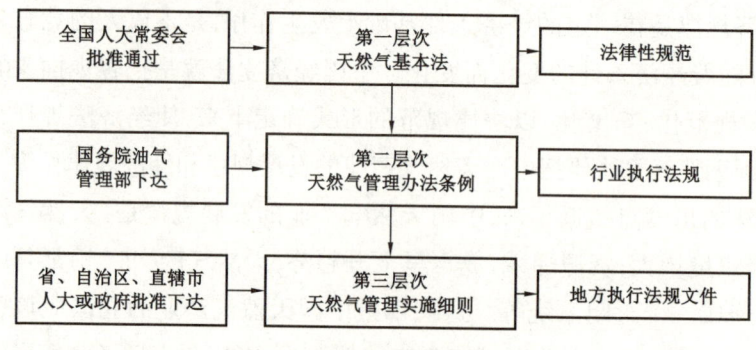

图 9.1 天然气法律层次结构图

9.2 加强国家对天然气产业的政策扶持力度

9.2.1 颁布有利于天然气产业发展的政策文件

国家政策能够规范中国天然气产业的发展。目前,中国天然气产业的政策性文件还有待进一步完善,需要国家继续颁布有利于天然气产业发展的政策文件,进一步形成规范的法律文件,规范中国天然气产业在上中下游各个环节的行为。

9.2.1.1 完善中国天然气勘探开发促进机制

一是推动天然气采矿权及探矿权竞争性出让制度的改革和发展,加快天然气的增储上产。二是保证天然气与其他固体矿产勘探开发的顺利衔接。三是明确页岩气作为新矿种的管理办法,继续推进和扩大页岩气探矿权区块招投标工作。页岩气作为中国战略性新兴产业,现阶段需要加以培育和引导,例如,中国政府应该允许其他资本进入,促进页岩气开发;同时,加大对页岩气勘探开发的监督管理,推动中国页岩气的持续快速发展。对页岩气的开发,可以参考中国煤气层开发的政策,出台一系列页岩气开发的财政补贴政策以及行政政策,提高页岩气开发的积极性;对依法取得页岩气采矿权、探矿权的申请人或矿业权人可以给予一定的减免,降低开采企业的成本;对页岩气开发需要的先进设备以及相关技术,政府应该采取进口补贴或者免关税的形式鼓励进口;页岩气的价格由市场决定,实行市场化[93]。

9.2.1.2 完善天然气产业投资体制

目前,中国天然气产业的投资体制和结构还不完善。一方面,中国石油、中国石化和中国海油三大公司还不能自主决定其投资方向,较大的投资仍需要经上级有关部门批准,投资程序烦琐,等待时间较长,容易错过较好的投资时机,不能及时应对天然气市场的变化。另一方面,三大公司在选择各自投资项目时以追求自己集团利润最大化为目标,不能实现整个产业的利润最大化,则必然造成重复建设等资源浪费现象。因此,中国政府既要建立一套能够快速应对市场变化的天然气产业投资决策程序,进一步放宽对天然气企业投资的限制,使其成为真正的投资主体,又要根据三大公司的发展情况,总体上控制它们的投资结构,减少资源浪费。

9.2.2 加大对天然气产业的投入

9.2.2.1 加强对天然气基础设施建设的投入

天然气产业是具有规模效应的产业,没有规模就没有效益,中国天然气产业要想在同其他国家的竞争中取得竞争优势,就需要高资本、高人力、高技术的投入,来降低天然气的生产成本。一般来说,生产和储运的天然气越多,生产储运成本就越低,越有利于降低天然气的终端价格,来提高天然气产业的竞争力。由于中国天然气产业和其他国家相比规模实力较弱,人均消费量较少,用气高峰时生产和储运能力跟不上,用气低谷时消费量跟不上,产业的规模效应不明显。因此,国家要提高对天然气研发投资、基础设施建设投资,加强对非常规天然气勘探开发的投资力度,提高天然气企业勘探开发的积极性,保障中国天然气产业上游气源的稳定。对于中游天然气运输和城市配送企业,政府应对其实施税收优惠及财政补贴政策,保障天然气产业链的平衡发展。

9.2.2.2 加大技术投入

与石油相比,天然气对勘探开发的技术要求更高,先进的勘探开发技术是一国天然气产业取得竞争优势的关键所在。中国加入WTO后,通过参与国际合作和技术交流,天然气产业在勘探开发技术层面取得了一定成就。就当前来看,中国在天然气勘探开发方面仍有很大技术缺陷,这是制约天然气产业发展的关键。因此,中国天然气企业应该不断加大技术研发的力度,加大科技投入力度,促进天然气勘探开发技术、资源评价技术以及采气工艺、开采环境评估技术和环保技术的提高,培育天然气产业的核心技术。另外,中国应该在大型燃气轮机、天然气压缩机以及LNG低温泵等方面加大研发以及采购力度,促进天然气开发[94]。

9.2.3 积极引导中国与国外天然气的合作

(1)制定中国与外国天然气合作规划,发挥中央政府宏观调控职能。中国深入研究国外天然气发展战略与调整,并结合中国的发展战略,做好动态的能源战略规划,并立足长远,超前规划,使规划具体化,具有可实施性。

(2)积极参加国际的能源机构,提高中国在能源合作的话语权。目前,全球范围内的国际能源机构主要有OPEC和IEA(国际能源署),中国目前基本上被排斥在国际能源机构之外,在国际能源合作方面缺乏话语权。中国要加快制定国际组织的合作框架,加深与国际能源机构的合作程度。另外,中国应在时机成熟时,联合一些发展中的能源消费大国创立有利于自身利益的国际组织[95]。

(3)鼓励中国的企业参与国际天然气合作。一方面要适当放宽政策,允许条件适合的民营企业参与国际天然气合作。民营企业参与国际天然气合作,有利于中国垄断行业的改革。在能源市场引入竞争机制,也是中国解决能源安全问题,清除法律上障碍的必然选择。另一方面,政府要为企业提供政策性资金支持,推进天然气产业融资。推进天然气企业融资的多元化,建立天然气专项基金,直接以外汇的形式资助天然气企业购买海外资产。并且加强国际融资合作,为天然气企业的融资畅通打好基础。

9.3 大力吸引优秀人才,加强管理与技术创新

低碳经济的发展离不开优秀的人才,以及先进的管理与技术。中国低碳经济下天然气产业的发展必须要确保大力吸引优秀人才,加强管理与技术的创新。科学技术的发展对促进低碳经济下天然气产业的发展具有重要意义,有利于改变中国天然气产业的增长模式,改善人类的生存环境,推进中国社会经济的可持续发展。因此,低碳经济下,中国天然气产业发展战略的实施有赖于优秀的科技人才以及先进的科学技术。

9.3.1 大力吸引优秀人才

低碳经济的发展为中国天然气产业带来了广阔的发展前景,人们在就业时考虑的重要一条是就业单位的发展前景如何,当看到低碳经济下中国天然气产业光明的前景时,势必会有一批批人才涌入,当然既包括天然气产业的专业人员,也包括非专业人员,既包括国内的人才,也包括国外的人才,这时中国天然气产业要充分利用这一机会,不拘一格使用人才,充分发挥人才的作用,建立一支高素质的人才队伍,实施人才兴企战略,从根本上提高中国天然气产业的内生竞争力。

(1)中国天然气产业应该完善多渠道的人才引进机制。首先,中国天然气公司应该做好人力资源战略规划,根据长期发展目标,进行人才需求及供给预测,明确人力资源净需求;其次,根据工作岗位分析的结果,形成规范的工作说明书,并以此制订人力资源招聘计划,确保所招聘的员工符合企业发展需要;最后,充分发挥人才市场的作用,借助人才市场,面向企业以及社会,建立公平、合理的人才引进机制,从高校毕业生、其他企业优秀人才以及国外招聘合适人才。

(2)重视人才的培养和教育。中国天然气产业需要注意在吸收了大量人才后要注重对其的培养和使用,同时建立相应的激励机制和评价机制,还要注意充分解决好员工的后顾之忧,只有这样才能不断吸收社会上的优秀人才,同时留住产业内部原有的人才资源,不断扩充人才队伍,为中国天然气产业的发展打造一支壮阔的人才队伍,支撑中国天然气产业朝更高的方向发展。

9.3.2 加强管理创新

(1)提高管理创新的理念。中国天然气产业对技术创新的重视程度相对较高,而对管理创新重视程度不够。而天然气与石油相比具有价格低、运输难等特点,需要不断进行管理创新。中国天然气产业应该重视建立风险管理文化,促进全员参与管理创新;重视管理知识产权的保护,从而激发创新的积极性和主动性;处理好日常管理工作和管理创新之间的关系,管理创新与中国天然气产业特色之间的关系,管理创新与技术创新之间的关系,从而形成管理创新与技术创新的协同发展。

(2)建设管理创新研发体系。中国天然气产业应该充分分析目前存在的问题,建立管理创新的研发体系。针对当前中国天然气企业普遍存在的机构设计不合理、人员冗杂、员工积极性有待提高等问题对组织结构、收入分配机制进行优化设计,实行收入与岗位、绩效相挂钩,变压力为动力,提高员工的工作效率和组织的绩效,适时对员工进行培训,提高员工的素质和知识水平,进而推动中国天然气产业竞争力的提高。

9.3.3 重视技术创新,提高效率

中国天然气勘探开发设备技术水平较低,导致中国天然气产业操作成本偏高,因此,中国天然气产业要实现可持续发展,必须重视技术创新,提高效率。

9.3.3.1 建立完善的技术创新体系

完善的天然气产业技术创新体系是技术创新的重要保障。中国天然气产业应该构建完善的天然气产业技术创新体系。完善的技术创新体系应该包括以下几个方面:

第一,技术创新的环境政策体系。环境政策对技术创新具有行为约束和资源配置两方面的作用。构建环境政策体系,能够为天然气产业的技术创新创造良好的外部环境,引导天然气技术创新的方向,为技术创新提供支持。中国政府要为天然气产业技术创新提供有利的政策环境,例如综合运用各种经济政策,在税收、财政等方面提供一些优惠政策,为天然气产业技术创新提供资金支持及保障。

第二,技术创新的战略决策体系。天然气产业技术的目标是建设一流的研发体系,培训一批技术人才。而这需要相关部门及天然气企业提高技术创新的认识,将技术创新作为长期发展战略执行。目前,中国天然气技术创新的内容包括3个方面:首先,国家应投入更多的资金用于常规及非常规天然气的勘探开发,鼓励政府、科研院所及企业相互合作,联合开展跨部门、跨学科的天然气勘探开发技术攻关[96];对高寒勘探开发关键设备及深水钻井平台进行技术攻关;提高低品位油气资源采收率;优化煤层气开发利用技术[97]。此外,在非常规天然气勘探开发的初级阶段,中国可以引进国外非常规天然气勘探开发的先进技术,通过消化、创新,逐步形成适合中国非常规天然气勘探开发的核心技术体系。其次,注重天然气勘探开发技术的研究。先进的勘探开发技术是一国天然气产业在国际竞争中取得竞争优势的关键所在。中国加入世界贸易组织的十几年来,通过技术攻关和国外先进技术的引进,天然气产业在勘探开发环节

上取得了一些技术方面的发展和突破。但就目前情况来看,与西方发达国家相比,中国天然气产业(特别是在非常规天然气领域)在勘探开发技术方面存在较大差距。目前,中国天然气主要储层为碎屑岩、碳酸盐岩和火山岩三大岩石类型,这3种类型的储层面临着诸多地质难点,制约了中国天然气的勘探开发[98]。因此,应加强天然气勘探开发方面的人力、财力投入,注重合理配置产业资源,改进和完善现有勘探开发方式,促进中国天然气产业向深海和非常规气田进军。最后,深化天然气应用技术的研究。天然气作为一种优质高效的化石能源,运用于很多领域之中。一国天然气的应用能力和应用范围对天然气消费量有着重要的影响,目前中国天然气应用范围较窄,主要用于化学化工、工业燃料、发电及商业、居民燃气这几个方面,而天然气汽车等应用技术仍处于起步阶段。因此需要加强天然气产业应用技术的研究,以进一步发展天然气产业。因此,中国天然气产业可以通过不断地应用技术创新,利用国家大力推动低碳经济的有利形势,将新技术、新工艺、新设备与当前消费者的需求结合起来,开发出能够满足消费者需求的新产品或新技术、新工艺、新设备。

第三,技术创新的激励体系。人是创新的主体,加强技术创新,必须要重视对人的激励,中国天然气产业应该建立科学的技术创新激励机制,激发员工技术创新的积极性和主动性。首先,重视员工内在激励与外在激励的结合。外在激励主要包括提高薪酬福利、加强员工知识产权的保护等,内在激励主要包括舆论与荣誉激励、尊重激励、情感激励等,对员工技术创新的激励应该将内在激励与外在激励相结合。其次,深入员工内部,调查了解员工的需求,从而针对不同的员工采用不同的激励方法。

第四,技术创新的评价体系。技术创新的重要作用是具有引导性,通过技术评价能够反映企业在技术创新方面存在的问题及差距。中国天然气产业要重视技术创新的评价,首先要构建科学合理的评价体系。对中国天然气产业技术创新的评价可以采用目前学术界较为认可的三维评价指标,即从创新投入、创新组织以及创新产出3个维度进行,创新投入主要是反映企业开展技术创新所投入的资源保障,可以从研发经费、研究人员以及相关的研发设备等方面进行分析;创新的组织主要是技术创新过程中的组织活动;研发产出主要是分析技术创新的应用以及绩效。

9.3.3.2　明确技术创新的模式

技术创新是复杂的系统性工程,天然气的技术创新涉及的要素较多,不同的要素组合和结构,构成了不同的创新模式。根据分类标准不同,技术创新有不同的模式,例如,按照创新主体进行划分,可以分为自主创新、模仿创新、合作创新;根据创新对象不同,可以分为产品创新、工艺创新、功能创新、形式创新等。中国天然气产业的技术创新不应该采用单一的创新模式,而是应该综合考虑分析中国天然气产业发展的实际情况以及中国社会经济发展的需要,确立科学合理的创新模式。基于中国经济新常态的发展背景,中国天然气产业创新应该采用符合可持续发展的"经济—社会—环境"三位一体的创新模式。

首先,中国天然气的技术创新应该分析生态环境,明确天然气产业的生态效率,在此基础上确定中国生态环境阈值。这要求中国天然气的技术创新应该在减少环境污染以及生态破坏的基础上,实现技术层面的突破,促进天然气产量以及生产效率的提高,不断开发绿色技术,即能够节约能源,减少环境破坏的技术。

其次,中国天然气技术的创新应该满足"资源—战略—绩效"的基本范式。即天然气技术创新需要根据中国天然气产业长期的发展战略,明确中国天然气的各种资源情况,开发新的技术,从而实现天然气产业生产绩效的提高。这要求中国天然气产业的技术创新必须要实现资源的合理配置,促进国际竞争优势的提升。

最后,中国天然气技术创新应该有助于实现低碳经济的发展,促进社会生态文明建设。生态文明是指以尊重和维护生态环境为主旨,以可持续发展为根据,以未来人类的继续发展为着眼点的文明。中国天然气产业应该确保实施新技术时,减少对生态环境以及人类未来生存环境的破坏,实现经济与社会的和谐发展。

9.3.3.3　重视技术创新的战略合作

首先,中国天然气开发企业应该对目前的天然气开发技术及措施进行全面剖析,技术部门、勘探开发等各个部门共同联合,分析天然气开发技术中存在的问题,并根据分析制订具体的技术方案。

其次,加大对天然气产业相关应用技术的科研投入及研究力度。依托国家能源,成立天然气技术研发部门,集中各种优势科研力量,着力突破目前天然气勘探开发的技术难题。

最后,加强天然气公司与高校的学术沟通交流,尽快研制新型天然气勘探开发设备。此外,中国应加强与国外的沟通交流,适时引进国外天然气勘探开发的先进设备,增加探井成功率,减少不必要的成本。同时,中国应加强对技术人员的专业培训,提高操作人员的技术水平,降低操作失误率,减少公司损失。

9.4 营造良好的外部环境

近年来,中国天然气产业得到了快速发展,但由于一些外部环境的影响,中国天然气产业在提升竞争力的过程中仍面临着一些难题。未来几年是中国天然气产业发展的关键时期,良好的外部环境是保证中国天然气产业竞争力稳步提升的重要前提。一方面政府要运用宏观调控职能,推动国民经济快速发展,提高人均收入水平,为天然气产业的发展提供良好的经济环境;另一方面,要针对天然气产业的实际需要,制定切实可行的政策法规,为天然气产业的发展营造良好的政治环境。此外,针对现阶段很多家庭居民对天然气优点尚不清楚等情况,社会各界应以发展低碳经济为切入点,通过各种渠道对天然气进行宣传。因此从外部环境入手,为天然气产业的快速发展铺平道路,对中国天然气产业竞争力的提升有着十分重要的意义。优先发展天然气,不仅是顺应低碳经济发展的要求,也是加快天然气产业发展的需要。中国目前的碳排放形势严峻,保障能源安全和保护生态环境是制定能源发展战略的双向要求。

在此背景下,国家能源局应完善天然气发展战略规划(如5年发展规划等),使天然气与石油分开运营,保证其独立发展,提高天然气在化石能源中的地位。实现天然气经营多元化,合理布局,破除高度垄断,对天然气产业上中下游的产业垄断情况进行差别处理,由于中游管网系统具有自然垄断和公共服务性质,为防止竞争者滥用市场优势,可授权经营者实施垄断,但对于非自然垄断的上游和下游业务,可放开经营,打破国有高度垄断状况,提升产业自身竞争力。

同时,国际、国内环境的不稳定性也使中国天然气产业在提升自身实力过程中存在一些难题,天然气产业竞争力的提升需要安定有序的外部环境做保证:首先,国家要充分协调好政府和市场关系,发挥市场在天然气销售环节的调配作用；其次，制定专门与天然气产业相对接的政策法规，确保合法运营有政策保护；再次，要充分利用国际市场，借助"一带一路"发展规划，加快与OPEC成员国的天然气贸易合作，解决国内油气资源匮乏问题。此外，要加大对低碳能源的宣传力度，社会各界应以发展低碳经济为切入点，通过各种渠道对天然气进行宣传。

低碳经济下中国天然气产业的发展战略不仅关系到中国能源产业结构的调整，也关系到中国经济的可持续发展。因此，从这个角度来说，中国天然气实现节能减排以及低碳绿色发展不仅需要天然气产业内部的努力，同时也需要整个社会的参与，需要不断强化公众的舆论监督作用。中国政府应该积极呼吁广大的社会公众积极参与到节能减排，参与到发展低碳产业的活动中来；将中国低碳经济的发展作为中国社会文化建设的重要内容进行推广，形成积极发展低碳经济的公众氛围，为中国天然气产业的发展提供有利的社会环境；同时，要鼓励和引导社会公众发挥监督作用，对于中国天然气产业在环境保护等方面出现的问题进行举报，促进低碳经济下中国天然气产业发展战略的执行。

9.5 小结

低碳经济下中国天然气产业发展战略实施，除了需要在天然气产业内部积极进行改革，促进战略的执行之外，还需要一些措施保障中国天然气产业发展战略的实施。具体来说，主要包括建立健全中国天然气法律法规体系，加强政府对天然气产业的政策支持，大力吸引优秀人才，加强技术研究工作，强化公众的舆论监督作用。通过实施这些措施，能够保障中国天然气产业发展战略的顺利实施。

参 考 文 献

[1] 王兵,朱宁."双赢"发展前景驱动下的中国经济增长路径——对陈诗一教授新作《节能减排、结构调整与工业发展方式转变研究》的评论[J].南方经济,2012(6):100-102.

[2] 陈晓春,朱仁崎.我国低碳发展的制约因素及其路径选择[J].西南民族大学学报,2010(11):150-154.

[3] 徐凤银,云箭.低碳经济促进天然气与煤层气产业快速发展[J].中国石油勘探,2011(2):6-11.

[4] 郑得文,张光武.国内外天然气资源现状与发展趋势[J].天然气工业,2008,28(1):47-49.

[5] 庄贵阳.低碳经济中国之选[J].中国石油石化,2007(13):32-34.

[6] 中国新闻网.亚洲开发银行VS清华发布中国环境分析 世界十大污染城市中国独占七成 尾气燃煤被指污染元凶[EB/OL].http://world.kankanews.com/asia/2013-01-15/2204859_2.shtml,2014-06-25/2015-07-01.

[7] 网易环球眼.中国人均碳排放首次超过欧盟,占全球总量近3成[EB/OL].http://world.163.com/14/0922/08/A6NUUT4300014OQQ.html,2014-09-22/2015-07-20.

[8] 中科院.2012年中国可持续发展报告[R].2012:3-9.

[9] Ann P Kinzig, Daniel M Kammen. National trajectories of Carbon emissions: analysis of proposals to foster the transition to low-carbon economies [J].Global Environmental Change,1998,8(3):183-208.

[10] Department for Transport, Department for Environment and Rural Food.Energy White Paper: Our energy future-creating a low Carbon economy [R].The Stationery Office,2003.

[11] Salvador Enrique Puliafito, Jos Luis Puliafito, Mariana Conte Grand.Modeling population dynamics and economic growth as competing species:An application to CO_2 global emissions [J].Ecological Economics,2008(65):602-615.

[12] Ugur Soytas, Ramazan Sari, Bradley T Ewing.Energy consumption, income, and carbon emissions in the United States[J].Ecological Economics,2007(62):482-489.

[13] Chang T C, Lin S J. Grey relation analysis of carbon dioxide emissions from industrial production and energy uses in Taiwan[J].Journal of Environmental Management,1999(56):247-257.

[14] Paul B Stretesky, Michael J Lynch. A cross-national study of the association between per capita carbon dioxide emissions and exports to the United States[J]. Social Science Research,2009(38):239-250.

[15] Jane Andrew, Mary A Kaidonis, Brian Andrew.Carbon tax: Challenging illiberality solutions to climate change[J].Critical Perspectives on Accounting,2010(21):611-618.

[16] Andrea Baranzini, Jos Goldemberg, Stefan Speck. A future for carbon taxes[J].Ecological Economics,2009(32):395-412.

［17］Benjamin Bureau.Distributional effects of a carbon tax on car fuels in France［J］.CERNA working paper series,2010（10）:120-125.

［18］Cheng F Lee,Sue J Lin,Charles Lewis,et al. Effects of carbon taxes on different industries by fuzzy goal programming: A case study of the petrochemical-related industries,Taiwan［J］.Energy Policy,2007（35）:4051-4058.

［19］张明喜.我国开征碳税的CGE模拟与碳税法条文设计[J].财贸经济,2010（3）:12-15.

［20］黄杰夫.碳税,不得不说的事[N].21世纪经济报道,2010-05-25.

［21］魏东,岳杰.低碳经济模式下的碳排放权效率探析[J].山东社会科学,2010（8）:26-29.

［22］杜祥琬.对中国绿色低碳能源战略的探讨[J].太原理工大学学报,2010（5）:29-32.

［23］张艳秋,张抗.对中国未来低碳能源约束下的能源构成和油气需求分析[J].中外能源,2010（1）:9-10.

［24］Peter Bisson,Elizabeth Stephenson,Patrick Viguerie S. 为地球定价[J].麦肯锡季刊,2010（2）:22-23.

［25］Scott Victor Valentine.A STEP toward understanding wind power development policy barriers in advanced economies［J］.Renewable and Sustainable Energy Reviews,2010（9）:2796-2807.

［26］满娟.美国天然气供应寻求来源多元化[J].中国石化,2007（9）:56-69.

［27］王国梁.天然气定价研究与实践[M].北京:石油工业出版社,2007:2-5.

［28］Daivd Roe.LNG Trade: A Review of Markets［M］.Projects and Issues in the Changing World of LNG［M］. SMI Publishing Co.,London,2001.

［29］Stephen P,Brown A,Mine K Yucel. What drives natural gas's price?［J］.The Energy Journal,2008,29（2）:43-58.

［30］魏一鸣,韩志勇.关于中国石油天然气工业发展战略研究的若干思考[J].中国基础科学.管理论坛,2003（2）:56-60.

［31］李宏勋,孙起瑞.我国天然气产业的现状与发展战略[J].西南石油学院学报,2000,22（1）:91-94.

［32］张新志.天然气化工发展战略[J].石油与天然气化工,2010,30（1）:1.

［33］张抗.中国天然气资源的两点论和发展战略[J].石油与天然气地质,2005,26（2）:163-167.

［34］李良.天然气工业竞争战略研究[J].天然气工业,2005,25（4）:175-177.

［35］张静.天然气与中国能源发展前景[J].中国石油和化工经济分析,2007（12）:20-24.

［36］严绪朝.中国能源结构优化和天然气的战略地位与作用[J].国际石油经济,2010（3）:62-67.

［37］谢晓燕,刘钟华,谷体健.低碳经济发展现状及中国的路径选择[J].经济观察,2010（10）:19-23.

[38] 张一翘. 低碳经济与城市天然气销售[J]. 上海煤气, 2010（3）: 28-29.

[39] 林君暖. 低碳经济背景下中国产业结构的调整[J]. 改革论坛, 2011（1）: 155-156.

[40] 赵琳. 政策趋同下企业如何应对低碳经济[J]. 现代化工, 2010（10）: 1-5.

[41] 李瑞忠, 郗凤云, 杨宁. 2010年世界能源供需分析——《BP世界能源统计》解读[J]. 当代石油石化, 2011（7）: 30-37.

[42] 郑得文, 张光武, 杨冬, 等. 国内外天然气资源现状与发展趋势[J]. 天然气工业, 2008(1): 47-49.

[43] 朱治双. 我国天然气市场发展历史回顾与最新进展[J]. 中国市场, 2015（8）: 32-36.

[44] 王维标. 天然气及LNG工业的行业现状及展望[J]. 通用机械, 2009（4）: 42-45.

[45] 侯明阳. 七大LNG项目抢滩2015[J]. 中国石油石化, 2015（9）: 36.

[46] 肖艳玲, 胡南南. 我国天然气供应安全存在的问题及解决对策[J]. 大庆社会科学, 2011, 16（6）: 80-82.

[47] 郝继开. 我国天然气定价机制问题研究[J]. 价格月刊, 2013（11）: 135-137.

[48] 林益楷. 拨开天然气定价"迷雾"[N]. 中国能源报, 2014-11-26.

[49] 中国石油石化研究会技装委. 盘点我国LNG接收站: 64个拟在建项目, 建设规模超亿吨[EB/OL]. 国际燃气网. 2018-04-09. http://gas.in-en.com/html/gas-2809158.shtml.

[50] 周跃忠. 推进我国天然气行业监管制度发展与完善的思考[J]. 石油科技论坛, 2012(5): 6-8.

[51] 我国煤炭资源储量增速减缓[J]. 中国煤炭, 2015（5）: 15.

[52] 孙超. 我国石油资源现状及引进石油草可行性的初步研究[J]. 资源环境与发展, 2008（4）: 26-28.

[53] 张子瑞. 风电整机商离国际巨头有多远[N]. 中国能源报, 2015-03-23.

[54] 汪琰. 基于实物期权法的光伏电站项目投资决策方法研究[D]. 北京: 北京交通大学, 2015.

[55] 经戈. 四川省石油需求预测与开发战略研究[D]. 成都: 西南交通大学, 2007.

[56] 周总瑛. 中国天然气资源特点与发展建议[J]. 新疆石油地质, 2009（6）: 663-666.

[57] Kani Alireza H, Abbasspour Madjid, Abedi Zahra. Estimation of demand function for natural gas in Iran: Evidences based on smooth transition regression models[J]. Economic Modelling, 2014（3）: 341-347.

[58] Heidari Hassan, Katircioglu Salih Turan, Saeidpour Lesyan. Natural gas consumption and economic growth: Are we ready to natural gas price liberalization in Iran?[J]. Energy Policy, 2013（6）: 638-645.

[59] Yu Yihua, Zheng Xinye, Han Yi. On the demand for natural gas in urban China[J]. Energy Policy, 2014（7）: 57-63.

[60] Jiang Binbin, Chen Wenying, Yu Yuefeng, et al. The future of natural gas consumption in Beijing, Guangdong and Shanghai: An assessment utilizing MARKAL[J]. Energy Policy, 2008, 36(9): 3286-3299.

［61］国家统计局.中国统计年鉴2013［Z］.北京:中国统计出版社,2013.

［62］东方财富网.我国2014年天然气对外依存度32.2%［EB/OL］.http://finance.eastmoney.com/news/1346,20150120469740891.html,2015-01-15.

［63］范德成,王韶华,张伟.低碳经济目标下我国电力需求预测研究［J］.电网技术,2012,36（7）:19-25.

［64］王鹏飞.多元线性回归方法在中国用电量预测中的应用研究［J］.东北电力技术,2005（8）:16-18.

［65］中国科学院可持续发展战略研究组.2009中国可持续发展战略报告［R］.北京:科学出版社,2010.

［66］吴友军.产业技术创新能力评价指标体系研究［J］.商业研究,2004（11）:27-29.

［67］崔和瑞,王娣.基于灰色关联理论的中国能源需求影响因素研究［J］.电力学报,2010,25（2）:107-111.

［68］陶爱祥.我国低碳经济发展水平影响因素的灰色关联分析［J］.临沂师范学院学报,2010,32（3）:25-26.

［69］吴飞美,郏永勤.我国低碳经济发展存在的问题与对策研究［J］.福建师范大学学报（哲学社会科学版）,2015（1）:16-18.

［70］叶江峰.安徽省天然气工业发展环境分析与策略研究［D］.合肥:合肥工业大学,2007.

［71］李良.天然气工业竞争战略研究［J］.天然气工业,2005,25（4）:175-177.

［72］方期亮,刘克雨,张运动,等.国外油气工业技术创新与管理［M］.西安:陕西旅游出版社,2005.

［73］曹湘洪.发展低碳经济首要重视节约使用化石能源［J］.中国工程科学,2010,12（8）:6-7.

［74］李宏勋,赵敬宜.天然气市场开发战略设想［J］.天然气工业,2005,25（11）:134-135.

［75］胡朝元,陈孟晋.中国天然气工业发展战略设想［J］.天然气工业,1998,18（4）:1-4.

［76］孙学敏.中小企业成长与战略研究［M］.郑州:郑州大学出版社,2003:5-7.

［77］孙慧,李伟,杨义.2010年中国天然气行业发展动向及"十二五"展望［J］.国际石油经济,2011（6）:56-61.

［78］刘成林,范柏江,葛岩.中国非常规天然气资源前景［J］.油气地质与采收率,2009,16（5）:26-29.

［79］倪维斗,陈贞.低碳经济:以煤的清洁利用为基［J］.今日中国论坛,2010（11）:62-63.

［80］王小强,郝明君.对中国石油天然气发电市场的几点建议［J］.国际石油经济,2002,10（8）:34-36.

［81］石蓓,高兀.我国天然气发电的相关问题与建议［J］.天然气技术,2008,2（1）:64-67.

［82］张伟,张庆梅.天然气深加工的途径探讨［J］.河南化工,2004（3）:41-42.

［83］吴平.我国石油资源产业发展战略研究［D］.北京:中国地质大学(北京),2007.

［84］陈秀玲.我国节电行业发展战略研究［D］.济南:山东大学,2007.

［85］张成友.保定软件产业发展战略研究［D］.天津:天津大学,2005.

[86]发展规划司子站.天然气发展"十三五"规划[EB/OL].[2017-6-7].http://www.ndrc.gov.cn/fzgggz/fzgh/ghwb/gjjgh/201706/t20170607_850207.html.

[87]Treffers D J,Faaij A P C,Sparkman J,et al.Exploring the Possibilities for Setting up Sustainable Energy Systems for the Long Term:Two Visions for the Dutch Energy System in 2050[J].Energy Policy,2005(33):79-83.

[88]李健胡.美日中LNG接收站建设综述[J].天然气技术,2010,4(2):67-69.

[89]王国樑.天然气定价研究与实践[M].北京:石油工业出版社,2007:2-6.

[90]刘晓宁.低碳经济时代建筑施工企业绿色企业文化的构建[J].福建建筑,2011(2):115-116.

[91]张静.以低碳经济为导向,全面推进煤炭企业的改革与发展[J].经济管理,2010,36(12):31-33.

[92]封帆.中国天然气行业监管法律制度研究[D].北京:中国地质大学(北京),2009.

[93]李武广,杨胜来,殷丹丹.页岩气开发技术与策略综述[J].天然气与石油,2011(1):34-38.

[94]李清芬.我国天然气定价机制改革研究[J].经济纵横,2012(12):183-184.

[95]管清友.中国能源战略应改变"小伙伴"身份[N].中国经营报,2006-07-02.

[96]李小地,梁坤,李欣.美国政府促进非常规天然气勘探开发的政策与经验[J].政策研究,2011(9):15-20.

[97]杨占玄,许力飞.我国天然气勘探开发现状与前景分析[J].企业改革与发展,2010(9):160-162.

[98]刘振武,撒利明,张研.中国天然气勘探开发现状及物探技术需求[J].天然气工业,2009(1):1-7.